Kauderwelsch

Dänisch für Globetrotter

Roland Hoffmann

Kauderwelsch Band 43
Dänisch für Globetrotter
von Roland Hoffmann

Peter Rump Verlags- und Vertriebsges. mbH
Hauptstr. 198
D-4800 Bielefeld 14

1. Auflage 1989
ISBN 3-922376-51-7

Abbildungen:
Roland Hoffmann (Fotos)
Frank-Peter Herbst (Zeichnungen)

Gestaltung:
Frank-Peter Herbst (Inhalt)
Peter Rump (Umschlag)
Frank-Peter Herbst (Umschlagzeichnung)

Konzeption, Bearbeitung:
Peter Rump

Druck, Litho, Bindung:
Fuldaer Verlagsanstalt GmbH, Fulda

PRINTED IN GERMANY

Inhalt

Kauderwelsch-Sprechführer sind anders!

Warum? Weil sie Dich in die Lage versetzen, wirklich zu sprechen und die Leute zu verstehen.
Wie wird das gemacht? Abgesehen von dem, was jedes Sprachbuch bietet, nämlich Vokabeln, Beispielsätze etc., zeichnen sich die Bände der Kauderwelsch-Reihe durch folgende Besonderheiten aus.

1. Die **Grammatik** wird in einfacher Sprache so weit erklärt, daß es möglich wird, ohne viel Paukerei mit dem Sprechen zu beginnen, wenn auch nicht gerade druckreif.
2. Alle Beispielsätze werden doppelt ins Deutsche übertragen: zum einen **Wort-für-Wort**, zum anderen in "ordentliches Hochdeutsch". So wird das fremde Sprachsystem sehr gut durchschaubar. Denn in einer fremden Sprache unterscheiden sich z.B. Satzbau und Ausdrucksweise recht stark vom Deutschen. Ohne diese Übersetzungsart ist es so gut wie unmöglich, einzelne Wörter in einem Satz auszutauschen.
3. Die **Autoren** der Reihe sind Globetrotter, die die Sprache im Land selbst gelernt haben. Sie wissen daher genau, wie und was der einfache Mann auf der Straße spricht. Dessen Ausdrucksweise ist nämlich häufig viel einfacher und direkter als z.B, die Sprache der Literatur.
4. Besonders wichtig sind im Reiseland die **Körpersprache, Gesten, Zeichen und Verhaltensregeln**, ohne die auch der beste Sprecher kaum mit Leuten in guten Kontakt kommmt. In allen Bänden der Reihe wird darum besonders auf diese Art der nonverbalen Kommunikation eingegangen.

Kauderwelsch-Sprechführer sind keine Lehrbücher, aber viel mehr als Sprachführer! Wenn Du ein wenig Zeit investierst und einige Vokabeln lernst, wirst Du mit ihrer Hilfe in kürzester Zeit Informationen bekommen und Erfahrungen machen, die einem "taubstummen" Touristen verborgen bleiben.

Vorwort

Dänemark ist im Verhältnis zur Bundesrepublik nur sehr klein, und hat dementsprechend nur 5 Mill. Einwohner. Zwar kann man sich mit Englisch und Deutsch in unserem nördlichen Nachbarland gut durchschlagen, doch wirklich Kontakt zu den Leuten bekommt man viel eher, wenn man versucht, Dänisch zu sprechen. Außerdem wird Dänisch auch auf Island, den Färöern und auf Grönland verstanden, weil es dort Pflichtsprache in der Schule ist. Natürlich kann man sich mit Dänisch auch in Norwegen und Schweden verständigen, da diese drei Sprachen sehr eng miteinander verwandt sind.

Ich habe versucht, den Sprechführer so einfach wie möglich aufzubauen, ohne auf die wichtigen Grammatikregeln zu verzichten. Am besten ist es, du fängst mit der Aussprache an und gehst dann die Grammatik locker durch, damit du einen Überblick über die dänische Sprache bekommst.

Dänisch ist eine sehr bildreiche und witzige Sprache, und nicht umsonst sind die Dänen als Witzbolde Skandinaviens verschrieen.

Herzlichen Dank sage ich an dieser Stelle dem Lektor für Dänisch an der Universität München, Kaj Alstrup, der das Manuskript mehrmals durchgesehen hat.

Viel Spaß beim Lernen und

Hav en god tur!

Aussprache/Betonung

Das dänische Alphabet hat 29 Buchstaben:

abcdefghijklmnopqrstuvwxyzæøå

Um die Aussprache zu lernen, fangen wir am besten bei den Selbstlauten an, da sie im Dänischen besonders wichtig sind. Man unterscheidet dabei immer zwischen einem langen und einem kurzen Selbstlaut.

Falls Du Dir die Sätze, die in diesem Buch vorkommen, einmal von einem Einheimischen gesprochen anhören möchtest, dann kannst Du Dir die **Kauderwelsch-Begleitkassette** zu diesem Buch besorgen. Jeder Buchhändler kann sie beziehen, wenn Deiner nicht will, bekommst Du sie auch beim Peter-Rump-Direktversand. Kostenpunkt: DM 12.80 Näheres steht vorne im Impressum.

Selbstlaute (Vokale)

a	kurz: Es gibt zwei verschiedene Möglichkeiten, die keiner festen Regel folgen. Deshalb muß man sich die Aussprache bei jedem Wort merken. wie a in M**a**nn wie ä in M**ä**nner lang: wie a in w**a**hr (vor bzw. nach r) wie ä in Kr**ä**he
e	kurz: wie e in h**e**ll lang: wie e in g**e**ben am Ende eines Wortes: unbetont wie e in all**e**
i	kurz: wie i in L**i**ppe lang: wie i in Sch**ie**ne
o	kurz: wie o in G**o**tt lang: wie o in T**o**n
u	kurz: wie u in M**u**tter lang: wie u in R**u**der
y	kurz: wie ü in M**ü**ll lang: wie ü in f**üh**len
æ	kurz: wie ä in **Ä**ste lang: wie ä in z**äh**len
ø	kurz: wie ö in H**ö**lle lang: wie ö in h**ö**ren
å	kurz: wie o in d**o**ch lang: wie o in H**o**se

Doppellaute

Doppellaute werden, wenn sie **kurz und betont** sind wie folgt ausgesprochen:

eg, ej, ig	wie ai in H**ai**
øj, øg	wie **oi**
øv	wie **öu** (zusammengezogen gesprochen)
eu, ev, äv	wie äu getrennt gesprochen, also nicht Säufer sondern wie **Näh**-**Uten**silien
iv	wie **iu** (zusammengezogen gesprochen)
yv	wie **üu** (zusammengezogen gesprochen)
ov, og	wie o in englisch g**o**
ag	- vor Mitlaut wie au in M**au**l - vor Selbstlaut oder am Wortende wie a in engl. m**a**n
av	wie au in M**au**l
af	als Vorsilbe wie au in M**au**l

Mitlaute (Konsonanten)

Am Wort- oder Silbenanfang werden alle Mitlaute im Deutschen ausgesprochen.

● **b, f, j, l, m, n, q, w** werden immer wie im Deutschen ausgesprochen.

● **k, p, t** werden, wenn sie nicht am Wortanfang stehen, weich wie **g, b, d** ausgesprochen.

c	vor e, i, y, æ, ø wie ss in Wa**ss**er vor o, u, å wie k in **K**artoffel
g	zwischen zwei Selbstlauten: - wie **w** nach o, u, å - wie **j** nach a, e, i, y, æ, ø vor l stumm
h	am Wortanfang vor j und v **stumm**
r	nach Selbstlaut kaum hörbar wie r in seh**r**
s	wie ss in Wa**ss**er
v	wie w in **W**asser
z	wie ss in Wa**ss**er

Der schwierigste Mitlaut im Dänischen ist das **d.**

d Zwischen zwei Selbstlauten oder nach einem Selbstlaut am Wortende hört es sich wie ein weiches, **engl th** an. Der Laut ist wirklich schwierig auszusprechen, deshalb ist es das Beste, wenn du viel zuhörst, damit du weißt, wie man ihn ausspricht.
Tip: Wenn du ein englisches th aussprichst ohne mit der Zunge die Zähne oder den Gaumen zu berühren, kommst du diesem d ziemlich nahe.

Nach einem g, l oder n wird das d nicht gesprochen.

Betonung

Die meisten Wörter werden auf der **ersten Silbe** betont, wie im Deutschen. Die Vorsilben **be-**, **er-** und **ge-** sind immer unbetont. Eine dänische Spezialität ist der **Stoßton**, den bestimmte betonte Silben tragen. Dabei werden die Stimmbänder plötzlich verschlossen. Es klingt ungefähr so, wie wenn man beim Sprechen gewürgt wird. Lernen kann man den Stoßton nur durch viel praktisches Üben, also zuhören und nachsprechen.

6 Wörter, die weiterhelfen

Undskyld ...	Entschuldige ...
Hvor er ... ?	Wo ist ... ?
Har du ... ?	Hast du ... ?
Er det ... ?	Ist das ... ?
Jeg vil gerne ... ?	Ich möchte gern ...
Tak.	Danke.

Vi vil gerne til---

Mit diesen Ausdrücken kannst du schon ein paar wichtige Dinge erreichen, z.B. den Bahnhof finden, oder ein Hotel. Du brauchst nur das entsprechende Wort aus dem Wörterverzeichnis am Ende des Buches einsetzen. Willst du dich etwas mehr verständlich machen, dann schau dir die Grammatik gut an. Sie ist nicht so schwer, wie es vielleicht auf den ersten Blick aussieht. Ich habe viele Beispielsätze mit einer Wort-für-Wort-Übersetzung versehen, damit du siehst wie die Sprache aufgebaut ist.

Am besten ist es, kurze Sätze zu benutzen, damit dein Gesprächspartner den Satz auch dann versteht, wenn du mal einen Fehler machst.

Die Wortstellung ist in den Hauptsätzen genau wie im Deutschen:

Subjekt	**Objekt**	**Prädikat**
Jeg Ich Ich	**arbejder** arbeite arbeite	**i buttiken to dage om ugen.** in Geschäft-dem zwei Tage in Woche-die in dem Geschäft zwei Tage in der Woche.

Ein Nebensatz hat die gleiche Wortstellung ...

Jeg ved, at du lige er kommet til Århus.
Ich weiß, daß du gerade bist gekommen nach Århus.
Ich weiß, daß du gerade nach Århus gekommen bist.

... das Tätigkeitswort steht im Nebensatz also auch **nach dem Subjekt** und nicht - wie im Deutschen - am Ende des Satzes.

Hauptwörter (Substantive)

Geschlecht

Im Dänischen gibt es nur zwei Gruppen von Hauptwörtern:

1) geschlechtliche (**en**) z.B. **en is**	 ein Eis
2) sächliche (**et**) z.B. **et bjerg**	 ein Berg

Leider kann man es dem Wort nicht ansehen, zu welcher Gruppe es gehört. Du mußt also den unbestimmten Artikel **en** oder **et** gleich mitlernen.
Ein kleiner Tip: die meisten Personen- und Berufsbezeichnungen gehören der 1. Gruppe an:

z.B. **en bager** ein Bäcker
en begynder ein Anfänger

Artikel

Den unbestimmten Artikel hast du ja gerade kennengelernt, und der bestimmte Artikel ist auch nicht schwer. Dazu wird einfach **en** oder **et** an das Wort angehängt, z.B.:

isen	**bjerget**
Eis-das	Berg-der
das Eis	der Berg

Worte, die auf **-e** enden, hängen nur ein **-n** oder **-t** an, z.B.:

en pige	**pigen**
ein Mädchen	Mädchen-das
ein Mädchen	das Mädchen
et æble	**æblet**
ein Apfel	Apfel-der
ein Apfel	der Apfel

Mehrzahl (Plural)

Der Plural ist sehr einfach, es gibt nur zwei Hauptgruppen:

1) Mehrzahl **durch Anhängen von -e**, z.B.:

en vej	(ein Weg)	**veje**	(Wege)
et hus	(ein Haus)	**huse**	(Häuser)

2) Mehrzahl durch **Anhängen von -er**, z.B.:

en avis	(eine Zeitung)	**aviser**	(Zeitungen)
et apotek	(eine Apotheke)	**apoteker**	(Apotheken)

Hierzu zählen auch alle Wörter, die schon auf **-e** enden und deshalb nur ein **-r** angehängt bekommen, z.B.:

en lampe (eine Lampe) **lamper** (Lampen)

Dann gibt es ein paar Wörter, die zwar **-er anhängen**, dabei jedoch einen **Umlaut** bilden:

en bog	(ein Buch)	**bøger**	(Bücher)
en fod	(ein Fuß)	**fødder**	(Füße)
en hånd	(eine Hand)	**hænder**	(Hände)
en ko	(eine Kuh)	**køer**	(Kühe)
en kraft	(eine Kraft)	**kræfter**	(Kräfte)
en nat	(eine Nacht)	**nætter**	(Nächte)
en rod	(eine Wurzel)	**rødder**	(Wurzeln)
en tand	(ein Zahn)	**tænder**	(Zähne)
en tå	(eine Zehe)	**tær**	(Zehen)

Du hast sicher gemerkt, daß einige Wörter den **Mitlaut verdoppeln.** Das passiert bei allen

- einsilbigen Wörtern mit kurzem Selbstlaut
- mehrsilbigen Wörtern, bei denen die letzte Silbe kurz und betont ist

und zwar immer, wenn man eine Endung anhängt, z.B.:

nat	(Nacht)	**nætter**	(Nächte)
en kat	(eine Katze)	**katten**	(die Katze)
hotel	(Hotel)	**hoteller**	(Hotels)

In diesen beiden Hauptgruppen gibt es Wörter, die auf **-el** oder **-er** enden und bei denen das **-e-** in der Mehrzahl wegfällt, z.B.:

en broder	(ein Bruder)	**brødre**	(Brüder)
en cykel	(ein Fahrrad)	**cykler**	(Fahrräder)
en fader	(ein Vater)	**fædre**	(Väter)
en fætter	(ein Vetter)	**fætre**	(Vettern)
en finger	(ein Finger)	**fingre**	(Finger)
en gaffel	(eine Gabel)	**gafler**	(Gabeln)
en moder	(eine Mutter)	**mødre**	(Mütter)
en søster	(eine Schwester)	**søstre**	(Schwestern)
et teater	(ein Theater)	**teatre**	(Theater)

Zum Schluß gibt es eine Gruppe von Wörtern, die in der Mehrzahl **keine Endung** haben, z.B.:

et år	(ein Jahr)	**år**	(Jahre)
et ben	(ein Bein)	**ben**	(Beine)
et besøg	(ein Besuch)	**besøg**	(Besuche)
et brød	(ein Brot)	**brød**	(Brote)
et dyr	(ein Tier)	**dyr**	(Tiere)
en film	(ein Film)	**film**	(Filme)
en fisk	(ein Fisch)	**fisk**	(Fische)
et flag	(eine Flagge)	**flag**	(Flaggen)
et glas	(ein Glas)	**glas**	(Gläser)
et kort	(eine Karte)	**kort**	(Karten)
et lam	(ein Lamm)	**lam**	(Lämmer)
en sko	(ein Schuh)	**sko**	(Schuhe)
et sprog	(eine Sprache)	**sprog**	(Sprachen)
et svin	(ein Schwein)	**svin**	(Schweine)
en ting	(ein Ding)	**ting**	(Dinge)
et tog	(ein Zug)	**tog**	(Züge)
en øre	(ein Öre)	**øre**	(Öre)

aber:

et øre (ein Ohr) **ører** (Ohren)

Hierzu gehören auch noch ein paar wenige - aber wichtige - Wörter ohne Endung in der Mehrzahl, die aber einen Umlaut bilden, z.B.:

et barn	(ein Kind)	**børn**	(Kinder)
en mand	(ein Mann)	**mænd**	(Männer)

Der **bestimmte Artikel** wird **in der Mehrzahl** durch Anhängen von **-ne** an die Mehrzahlform gebildet, z.B.:

husene
Häuser-die
die Häuser

bøgerne
Bücher-die
die Bücher

Hauptworte ohne Endung in der Mehrzahl bekommen **-ene** angehängt, z.B.:

årene
Jahre-die
die Jahre

børnene
Kinder-die
die Kinder

Die Fälle

Im Dänischen gibt es nur einen Fall, der sich vom Nominativ (Grundform) unterscheidet, nämlich den **Genitiv** (besitzanzeigender Fall). Man bildet ihn ganz einfach, indem man ein **-s** an die bestimmte Form des Wortes anhängt, z.B.:

kongen	**kongens**	**kongens slot**
König-der	König-des	König-des Schloß
der König	des Königs	Schloß des Königs

Wichtig ist dabei, daß das Wort im Genitiv voran steht. Diese Form gibt es auch im Deutschen noch, jedoch nur selten: Vaters Tasche (= die Tasche des Vaters).

Besitzanzeigende Fürwörter

Einzahl		**Mehrzahl**	
en	**et**		
min	**mit**	**mine**	mein, -e
din	**dit**	**dine**	dein, -e
hans	**hans**	**hans**	sein, -e
hendes	**hendes**	**hendes**	ihr, -e
sin	**sit**	**sine**	sein, -e/ihr, -e
dens/dets	**dens/dets**	**dens/dets**	dessen
vores	**vores**	**vores**	unser, -e
jeres	**jeres**	**jeres**	euer, -e
deres	**deres**	**deres**	ihr, -e

Wichtig ist der Unterschied zwischen **hans/hendes** und **sin.** **Sin** oder **sit** wird immer dann benutzt, wenn das Bezugswort das Subjekt des Satzes ist. Ganz einfach:

Hun vasker sin bil.
Sie wäscht ihr Auto (= ihr eigenes).

Hun vasker hendes bil.
Sie wäscht ihr Auto (= nicht ihr eigenes).

Eigenschaftswörter (Adjektive)

Bei Eigenschaftswörtern unterscheidet man zwei Formen, die starke und die schwache Form.

● 1. **Die starke Form** benutzt man, wenn das Hauptwort **ohne Artikel** oder mit **unbestimmten Artikel** steht. Bei allen geschlechtlichen Hauptwörtern benutzt man dabei die Grundform, bei allen sächlichen wird ein **-t** angehängt, z.B.:

en stor pige	ein großes Mädchen
et stort æble	ein großer Apfel

Das gleiche gilt, wenn man einen einfachen Satz bildet:

Pigen er stor.
Mädchen-das ist groß
Das Mädchen ist groß.

Æblet er stort.
Apfel-der ist groß
Der Apfel ist groß.

Ausnahme: Alle Eigenschaftswörter, die auf **-t** oder **-sk** enden, hängen kein **-t** an.

et politisk parti eine politische Partei

● 2. Die **schwache Form** benutzt man, wenn das Hauptwort einen **bestimmten Artikel** hat, oder, wenn vor dem Hauptwort **ein Genitiv** oder **ein Fürwort** steht. Die schwache Form hat für alle Hauptwörter die Endung **-e**, z.B.:

den store pige	das große Mädchen
det store æble	der große Apfel
mit store æble	mein großer Apfel
Pouls store æble	Pauls großer Apfel

Achtung: Du hast sicherlich bemerkt, daß der bestimmte Artikel hier nicht hinten an das Hauptwort angehängt wird, sondern - wie im Deutschen - vorangestellt wird.

Mehrzahl

Auch in der Mehrzahl gibt es für alle Hauptwörter nur eine Form, sie endet auf **-e.** Der bestimmte Artikel in der Mehrzahl ist **de** und wird ebenfalls vorangestellt, z.B.:

store piger	große Mädchen
store æbler	große Äpfel
de store piger	die großen Mädchen
de store æbler	die großen Äpfel

pigerne er store
Mädchen-die sind groß
die Mädchen sind groß

æblerne er store
Äpfel-die sind groß
die Äpfel sind groß

Bei ein paar Eigenschaftswörtern gibt es die Form auf **-e** nicht:

blå	blau	**fælles**	gemeinsam
grå	grau	**stakkels**	arm
små	kleine, Mehrzahl		

Steigerung

Die Steigerung der meisten Eigenschaftswörter ist ganz einfach und geht nach folgendem Muster:

hurtig	schnell
hurtigere	schneller
hurtigst	am schnellsten

Im Komparativ (erste Steigerungsstufe) wird also **-ere**,
im Superlativ (zweite Steigerungsstufe) **-st/-est** an die Grundform des Eigenschaftswortes angehängt.

Alle Eigenschaftswörter, die auf **-isk** enden, und alle, die drei oder mehr Silben haben, werden mit **mere** und **mest** gesteigert:

interessant	interessant
mere interessant	interessanter
mest interessant	am interessantesten

Tip: Diese Art der Steigerung kannst du auch immer anwenden, wenn du mal nicht weißt, wie ein bestimmtes Eigenschaftswort gesteigert wird. Das kann vor allem bei den Ausnahmen sehr nützlich sein.

Es gibt nämlich einige **Ausnahmen** , aber glücklicherweise nicht sehr viele:

gammel	**ældre**	**ældst**	alt
(alt	älter	am ältesten)	
ung	**yngre**	**yngst**	jung
stor	**større**	**størst**	groß
lille	**mindre**	**mindst**	klein (Einz.)
små	**mindre**	**mindst**	klein (Mehrz.)
meget	**mere**	**mest**	viel (unzählbar)
mange	**flere**	**flest**	viel (zählbar)
lidt	**mindre**	**mindst**	wenig (unzählb.)
få	**færre**	**færrest**	wenige (zählbar)
god	**bedre**	**bedst**	gut
slem/ond	**værre**	**værst**	böse
nær	**nærmere**	**nærmest**	nah

Und hier gleich noch eine Liste mit Eigenschaftswörtern, die du täglich gebrauchen kannst:

ny	**nyere**	**nyest**	neu
høj	**højere**	**højest**	hoch
lav	**lavere**	**lavest**	niedrig
svag	**svagere**	**svagest**	schwach
stærk	**stærkere**	**stærkest**	stark
bred	**bredere**	**bredest**	breit
smal	**smallere**	**smallest**	schmal
hurtig	**hurtigere**	**hurtigst**	schnell
langsom	**langsommere**	**langsomst**	langsam
dyr	**dyrere**	**dyrest**	teuer
billig	**billigere**	**billigst**	billig
mørk	**mørkere**	**mørkest**	dunkel
lys	**lysere**	**lysest**	hell

mørk und **lys** werden auch in Verbindung mit Farben benutzt.

blå	**mørkeblå**	**lyseblå**
blau	dunkelblau	hellblau

blå	blau
gul	gelb
grøn	grün
rød	rot
brun	braun
grå	grau
sort	schwarz
hvid	weiß

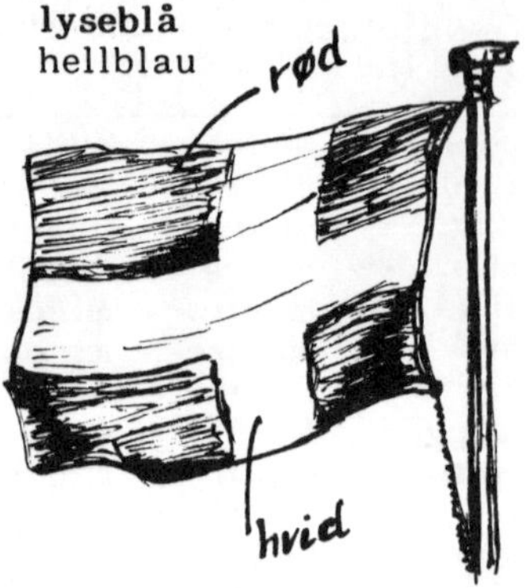

Vergleichen

Beim Vergleich benutzt man im Komparativ das Bindewort **end**:

Bilen er hurtigere end cyklen.
Auto-das ist schneller als Fahrrad-das
Das Auto ist schneller als das Fahrrad.

Vergleicht man zwei gleichartige Dinge oder zwei Personen, so muß man den Superlativ benutzen:

Den er den hurtigste af de to biler.
Das ist das schnellste von den zwei Autos
Das ist das schnellere von den zwei Autos.

Für den Superlativ gelten die gleichen Regeln, die auch für die Eigenschaftswörter gelten, d.h. beim bestimmten Artikel bekommen sie ein **-e** angehängt:

den hurtigste bil das schnellste Auto

Umstandswörter (Adverbien)

Aus Eigenschaftswörtern kann man ganz leicht Umstandswörter bilden, indem man einfach ein **-t** an die Grundform anhängt.

Eigenschaftswort:	Umstandswort:
Bilen er hurtig.	**Bilen kører hurtigt.**
Auto-das ist schnell	Auto-das fährt schnell
Das Auto ist schnell.	Das Auto fährt schnell.

Das Umstandswort steht immer direkt nach dem Tätigkeitswort, bei zusammengesetzten Zeiten nach dem Hilfsverb:

Hun snakker tit med sin veninde.
sie spricht oft mit ihrer Freundin
Sie spricht oft mit ihrer Freundin.

Jeg har aldrig set ham før.
ich habe nie gesehen ihn vor
Ich habe ihn nie zuvor gesehen.

Persönliche Fürwörter

Im Gegensatz zu den Hauptwörtern gibt es hier einen Objektfall (im Deutschen 3. bzw. 4. Fall):

jeg	ich	**mig**	mir/mich
du	du	**dig**	dir/dich
han	er	**ham**	ihm/ihn
hun	sie	**hende**	ihr/sie
den/det	es	**den/det**	es
vi	wir	**os**	uns
I	ihr	**jer**	euch
de	sie	**dem**	sie/ihnen

det wird "**de**" ausgesprochen, und **de** wird "**di**" ausgesprochen.

Tätigkeitswörter (Verben)

Zu allererst eine sehr positive Nachricht: Für alle Personen gibt es im Dänischen nur eine Form!

jeg	**smiler**	ich lächle
du	**smiler**	du lächelst
han	**smiler**	er lächelt
hun	**smiler**	sie lächelt
den/det	**smiler**	es lächelt
vi	**smiler**	wir lächeln
I	**smiler**	ihr lächelt
de	**smiler**	sie lächeln

Hilfsverben

Ich beginne mit den Hilfsverben, weil man sie später benötigt, um zusammengesetzte Zeiten bilden zu können

Die Hilfsverben folgen keiner festen Regel. Deshalb gebe ich alle Hilfsverben und ihre Formen an, und zwar immer Grundform (= die Form, die im Wörterbuch steht), Gegenwartsform, Vergangenheitsform und die Partizipform, die man braucht um die vollendete Gegenwart oder die vollendete Vergangenheit zu bilden.

Grundf.	Gegenw.	Vergang.	Partizip	
være sein	**er** bin	**var** war	**været** gewesen	sein
have	**har**	**havde**	**haft**	haben
burde	**bør**	**burde**	**burdet**	sollte (dürfen)
kunne	**kan**	**kunne**	**kunnet**	können
måtte	**må**	**måtte**	**måttet**	dürfen (müssen)
skulle	**skal**	**skulle**	**skullet**	sollen (werden)
turde	**tør**	**turde**	**turdet**	wagen
ville	**vil**	**ville**	**villet**	möchten/wollen

Grundform

In der Grundform (= die Form, die im Wörterbuch steht) enden (bis auf ein paar Ausnahmen) alle Tätigkeitswörter auf **-e**.

Befehl

Für die Befehlsform brauchst du nur von der Grundform das **-e** wegzulassen, und wenn vorhanden den verdoppelten Mitlaut:

give	geben	**giv!**	gib!
komme	kommen	**kom!**	komm!

Bei den **Ausnahmen** handelt es sich um einsilbige Wörter, bei denen die Infinitvform gleichzeitig die Befehlsform ist:

gå	gehen	**gå!**	gehe!
se	sehen	**se!**	sieh!
bo	wohnen	**bo!**	wohn!

Die Zeiten

Gegenwart

Die zweite positive Nachricht betrifft die Gegenwartsform: Alle Verben - mit Ausnahme der Hilfsverben - bilden die Gegenwartsform, indem man lediglich ein **-r** an die Grundform anhängt!

tale	sprechen	**taler**	spricht
gå	gehen	**går**	geht

Außer den Hilfsverben gibt es nur noch einen **Sonderfall**:

vide	wissen	**ved**	weiß

Vergangenheit und Partizip

Wir müssen zwischen zwei Gruppen von Tätigkeitswörtern unterscheiden:

● 1. Schwache Tätigkeitswörter

Hier gibt es zwei verschiedene Möglichkeiten:

Anhängen der Endung **-ede/-et** an den Stamm:

elske	lieben	**elskede**	liebte	**elsket**	geliebt
bo	wohnen	**boede**	wohnte	**boet**	gewohnt

Anhängen der Endung **-te/-t** an der Stamm:

høre	hören	**hørte**	hörte	**hørt**	gehört
læse	lesen	**læste**	las	**læst**	gelesen

Die meisten schwachen Tätigkeitswörter gehören zur ersten Gruppe. Es gibt auch ein paar Wörter, die völlig unregelmäßig sind, sie stehen hinten im Wörterverzeichnis.

● 2. Starke Tätigkeitswörter

Sie bilden die Vergangenheit und das Partizip durch Wechsel des Selbstlautes:

give	geben	**gav**	gab	**givet**	gegeben
ryge	rauchen	**røg**	rauchte	**røget**	geraucht
hjælpe	helfen	**hjalp**	half	**hjulpet**	geholfen

Die Wörter aus dieser Gruppe kann man nur lernen, ich gebe deshalb im Wörterverzeichnis jeweils die Formen mit an.

Tip: Bei Ausrufen benutzt man im Dänischen oft Vergangenheit, wenn man etwas ausdrückt, was in der Gegenwart geschieht:

Det var da mærkeligt!
das war aber komisch
Das ist aber komisch!

Vollendete Gegenwart und Vergangenheit

Perfekt/Plusquamperfekt

Diese zwei Vergangenheitsformen werden genauso gebildet, wie im Deutschen:

Jeg har/havde arbejdet.
Ich habe/hatte gearbeitet.

Jeg er/var gået.
Ich bin/war gegangen.

Normalerweise benutzt man immer **har/havde** (= haben). **Er/var** (= sein) wird nur bei Tätigkeitswörtern benutzt, die eine Art Änderung bezeichnen, besonders in der Bewegung. Im Zweifelsfall machst du es so, wie im Deutschen!

Das Perfekt wird im Dänischen oft benutzt, wenn man etwas ausdrückt, was in der Vergangenheit angefangen hat und jetzt noch andauert:

Hvor længe har du boet her?
wie lange hast du gewohnt hier
Wie lange wohnst du hier?

Zukunft

Hier gibt es, wie im Deutschen, zwei Möglichkeiten:

- Du kannst die Gegenwartsform mit einer Zeitbestimmung benutzen ...

Jeg rejser tilbage om en uge.
ich reise zurück in einer Woche
In einer Woche reise ich zurück.

- oder eine Form mit dem Hilfsverb **skal** (= werden) bilden:

Jeg skal rejse tilbage om en uge.
ich werde reisen zurück in einer Woche
Ich werde in einer Woche zurückreisen.

Anstelle von **skal** kann man auch **vil** (= möchten) benutzen, doch dann drückt es eher einen Wunsch aus!

Leideform (Passiv)

Die Leideform kann auch auf zwei Arten gebildet werden,
entweder mit dem Hilfsverb **blive** (= werden)

Der bliver/blev spist meget.
es wird/wurde gegessen viel
Es wird/wurde viel gegessen.

oder, indem man ein **-s** an die Grundform bzw. die Vergangenheitsform hängt:

Der spises/spistes meget.
es essen-wird/aß-wird viel
Es wird/wurde viel gegessen.

Es gibt einen kleinen **Unterschied** zwischen diesen beiden Ausdrucksweisen. Die Form mit dem Hilfsverb **blive** wird benutzt, wenn es ein **einmaliger Vorgang** war/ist, die Form mit **-s**, wenn es sich um einen öfter **wiederholenden Vorgang** handelt. Dann kann man auch sagen: Man ißt/aß stets viel.

Im Perfekt gibt es nur die Form mit **blive**!

Achtung: Es gibt ein paar Tätigkeitswörter, die das **-s** anhängen, trotzdem aber etwas Aktives ausdrücken:

længes	sich sehen
lykkes	gelingen
ængstes	sich ängstigen
enes	sich einigen
mødes	sich treffen
skændes	sich streiten
slås	sich schlagen

Ganz wichtig sind dabei die zwei folgenden Formen, weil man sie sehr oft braucht:

Jeg synes, at ... Mir scheint, daß ...
Jeg mindes ... Ich erinnere mich an ...

Wichtige Verben:

gå gehen	**gik** ging	**gået** gegangen	gehen
løbe	**løb**	**løbet**	laufen
køre	**kørte**	**kørt**	fahren
ryge	**røg**	**røget**	rauchen
betale	**betalte**	**betalt**	bezahlen
drikke	**drak**	**drukket**	trinken
spise	**spiste**	**spist**	essen
tage	**tog**	**taget**	nehmen
finde	**fandt**	**fundet**	finden
hente	**hentede**	**hentet**	holen
forstå	**forstod**	**forstået**	verstehen
vide	**vidste**	**vidst**	wissen
koste	**kostede**	**kostet**	kosten
smage	**smagte**	**smagt**	schmecken
fryse	**frøs**	**frosset**	frieren
gøre	**gjorde**	**gjort**	tun
holde	**holdt**	**holdt**	halten
høre	**hørte**	**hørt**	hören
se	**så**	**set**	sehen
sige	**sagde**	**sagt**	sagen
tænke	**tænkte**	**tænkt**	denken
vente	**ventede**	**ventet**	warten
sove	**sov**	**sovet**	schlafen
skrive	**skrev**	**skrevet**	schreiben
læse	**læste**	**læst**	lesen
komme	**kom**	**kommet**	kommen
sidde	**sad**	**siddet**	sitzen
stå	**stod**	**stået**	stehen
ligge	**lå**	**ligget**	liegen
spørge	**spurgte**	**spurgut**	fragen
svare	**svarede**	**svaret**	antworten

Zeitangaben

et år	ein Jahr
en måned	ein Monat
en uge	eine Woche
en dag	ein Tag
en time	eine Stunde
et minut	eine Minute
om morgenen	morgens
om formiddagen	vormittags
om eftermiddagen	nachmittags
om aftenen	abends
om søndagen	sonntags
om vinteren	im Winter
i dag	heute
i morgen	morgen
i går	gestern

Bindewörter

Man benutzt sie wie im Deutschen:

og	und
eller	oder
men	aber, sondern
for, fordi	weil, denn
derfor	deshalb
da	als, da, weil
når	als, wenn
hvis	wenn, falls
så	dann
skønt	obwohl
mens	während

Zur Unterscheidung von **hvis**, **når** und **da** gibt's hier ein paar Beispielsätze.

Hvis drückt eine Möglichkeit aus, während **når** eine zeitliche Abhängigkeit anzeigt:

Vi drikker et glas vin, hvis han kommer.
Wir trinken ein Glas Wein, falls er kommt.

Vi drikker et glas vin, når han kommer.
Wir trinken ein Glas Wein, wenn er (dann) kommt.

Når wird benutzt, wenn etwas regelmäßig geschieht, **da**, wenn es sich um einen einmaligen Vorgang handelt.

Han bringer altid blomster med, når han kommer.
Er bringt immer Blumen mit, wenn er kommt.

Han bragte blomster med, da han kom.
Er brachte Blumen mit, als er kam.

Verhältniswörter (Präpositionen)

af	aus
bag	hinter
efter	nach
foran	vor
forbi	vorbei
fra	von, aus
gennem	durch
i	in
med	mit
mod	gegen
om	um, über
over	über
på	auf
til	zu, nach
under	unter
ved	bei, an

Wie im Deutschen gebraucht man Verhältniswörter, um die Position von Personen oder Dingen zueinander auszudrücken:

Kopperne er i skabet.
Tassen-die sind in Schrank-der
Die Tassen sind im Schrank.

Kustoden står bag søjlen.
Aufseher-der steht hinter Säule-die
Der Aufseher steht hinter der Säule.

Oft werden die gleichen Verhältniswörter wie im Deutschen benutzt, es gibt jedoch auch einige **Ausnahmen.** Die wichtigste ist das Wort **til**, das auch das deutsche "für" wiedergibt:

Gaven er til min danske veninde.
Geschenk-das ist zu meine dänische Freundin
Das Geschenk ist für meine dänische Freundin.

Verhältniswörter bilden oft eine Einheit mit Tätigkeitswörtern, wobei es ein Unterschied ist, ob das Verhältniswort getrennt vom Tätigkeitswort steht oder mit ihm verbunden ist.

In der getrennten Form ist die Bedeutung des Ausdrucks konkret, in der verbundenen Form eher übertragen gemeint.

Han giver penge ud.
er gibt Geld aus
Er gibt Geld aus.

Han udgiver en bog.
er aus-gibt ein Buch
Er gibt ein Buch heraus.

Knappen går af.
Knopf-der geht ab
Der Knopf geht ab.

Toget afgår kl. 11.17.
Zug-der ab-geht Uhr 11.17
Der Zug geht um 11.17 Uhr.

Fragen

Fragen können, wie im Deutschen, durch Änderung der Wortstellung gebildet werden ...

Du har lige spist. Du hast gerade gegessen.
Har du lige spist? Hast du gerade gegessen?

... oder mit Fragewörtern:

Hvem har du lånt bogen?
wem hast du geliehen Buch-das
Wem hast du das Buch geliehen?

hvem?	wer/wem/wen?
hvor?	wo/wie?
hvorfor?	warum?
hvornår?	wann?
hvordan?	wie?
hvad?	was?

Am häufigsten wird **hvor** benutzt, da es in Zusammensetzungen "wie" bedeutet:

Hvor langt er der til ...
Wie weit ist es nach ...

Hvor gammel er du?
Wie alt bis du?

Hvor meget koster det?
wie viel kostet das
Wieviel kostet das?

Ja/nein

Auf Fragen antwortet man in Dänemark ausführlich, wenn man höflich sein will also:

Har du avisen?
hast du Zeitung-die
Hast du die Zeitung?

Ja, jeg har den.
Ja, ich habe sie.

Nej, jeg har den ikke.
Nein, ich habe sie nicht.

Unter Bekannten antwortet man aber, wie bei uns auch, einfach mit **ja** oder **nej**.

jo	doch
ingen/intet	keiner, -e, -es
ingenting/intet	nichts
overhovedet ikke	überhaupt nicht
næppe	kaum
aldrig	nie
altid	immer
tit	oft
undertiden (unter-Zeit-die)	manchmal
også	auch
heller ikke	auch nicht
hverken ... eller	weder ... noch
både ... og	sowohl ... als auch
enten ... eller	entweder ... oder

Wichtig: Willst du **også** (= auch) verneinen, so mußt du **heller ikke** (= auch nicht) benutzen.

Vi har også været i biografen.
wir haben auch gewesen in Kino-das
Wir sind auch im Kino gewesen.

Vi har heller ikke været i biografen.
wir haben auch nicht gewesen in Kino-das
Wir sind auch nicht im Kino gewesen.

hier und dort

her	hier
der	dort
herhen	hierhin
derhen	dorthin
den/det her	diese, -r, -s hier
den/det der	diese, -r, -s dort

Verbindungen mit **her** und **der** können wie im Deutschen gebildet werden.

Jeg vil gerne have osten deroppe.
ich möchte gerne haben Käse-der dort-oben
Ich hätte gerne den Käse dort oben.

Har I kartoflerne hernede i kælderen?
habt ihr Kartoffeln-die hier-unten in Keller-der
Habt ihr die Kartoffeln hier unten im Keller?

Zahlen und zählen

In Klammern steht die Aussprache.

0	**nul**		10	**ti**	
1	**en/et**		11	**elleve**	(elwe)
2	**to**		12	**tolv**	
3	**tre**		13	**tretten**	
4	**fire**		14	**fjorten**	
5	**fem**		15	**femten**	
6	**seks**		16	**seksten**	(saisten)
7	**syv**		17	**sytten**	
8	**otte**	(ode)	18	**atten**	
9	**ni**		19	**nitten**	

20	**tyve**	(tüwe)
21	**en og tyve**	
30	**tredive**	(tralwe)
40	**fyrre**	(för)
50	**halvtreds**	(hälfträs)
60	**tres**	
70	**halvjerds**	(hälfjärs)
80	**firs**	
90	**halvfems**	(hälfäms)
100	**hundrede, et hundred**	
1 000	**tusind, et tusinde**	

Gebildet werden die Zahlen wie im Deutschen:

21 **enogtyve** (ein-und-zwanzig)

Ordnungszahlen

1.	**første**	erste, -r, -s
2.	**anden**	zweite, -r, -s
3.	**tredje**	dritte, -r, -s
4.	**fjerde**	etc.
5.	**femte**	
6.	**sjette** (sjäde)	
7.	**syvende**	
8.	**ottende**	
9.	**niende**	
10.	**tiende**	
11.	**ellevte** (elfte)	
12.	**tolvte**	
13.	**trettende**	
14.	**fjortende**	
15.	**femtende**	
16.	**sekstende**	
17.	**syttende**	
18.	**attende**	
19.	**nittende**	
20.	**tyvende** (tüwende)	
21.	**en og tyvende**	
30.	**tredivte** (tralfte)	
40.	**fyrretyvende**	
50.	**halvtredsindstyvende**	
60.	**tresindstyvende**	
70.	**halvfjerdsinstyvende**	
80.	**firsindstyvende**	
90.	**halvfemsindstyvende**	
100.	**hundrede**	
1000.	**tusinde**	

Zeit/Datum

Uhrzeit

Hvad er klokken?
was ist Uhr-die
Wie spät ist es?

halv tre
habl drei
halb drei

kvart i to
viertel in zwei
viertel vor zwei

fem minutter over ni
fünf Minuten über neun
fünf Minuten nach neun

Den er præcis seks.
sie ist genau sechs
Es ist genau sechs Uhr.

Vi mødes om to timer.
wir treffen-sich in zwei Stunden
Wir treffen uns in zwei Stunden.

Datum

Das Datum wird wie im Deutschen ausgedrückt:

den anden april
der zweite April

den anden i fjerde
der zweite im Vierten
2.4.

Das Datum schreibt man 2/4-89 oder 2.4.89.

Monate

januar	**februar**	**marts**	**april**
maj	**juni**	**juli**	**august**
september	**oktober**	**november**	**december**

Wochentage

		torsdag	Donnerstag
mandag	Montag	**fredag**	Freitag
tirsdag	Dienstag	**lørdag**	Samstag
onsdag	Mittwoch	**søndag**	Sonntag

Mini-"Knigge"

Die Umgangsformen der Dänen unterscheiden sich nicht wesentlich von den deutschen, es gibt jedoch ein paar Dinge, die man beachten sollte, um nicht gleich überall als typischer Tourist aufzufallen.

Die Dänen stehen anderen Menschen sehr offen gegenüber. Das zeigt sich z.B. darin, daß jeder von draußen zum Fenster reinschauen kann, weil es normalerweise keine Gardinen an den Fenstern gibt. Auch die Steuerlisten, in denen das Einkommen jedes Einwohners eingetragen ist, liegen für jedermann einsehbar im Rathaus aus. Es kann also durchaus sein, daß dir jemand, den du noch nicht lange kennst, schon von seinen persönlichen Problemen erzält.

Natürlich ist das von dem jeweiligen Menschen abhängig, und es gibt auch große regionale Unterschiede. In Jütland ist man generell etwas zurückhaltender als z.B. in Kopenhagen, was sich auch in der Sprache äußert. Wenn jemand aus Kopenhagen auf einem Fest war, das ihm sehr gut gefallen hat, so würde er vielleicht sagen: **Den var fantastisk.** (= Es war fantastisch.). Während man von einem Jütländer eher **Den var ikke så slem.** (= Es war nicht so schlimm.) hören würde.

In Dänemark spricht man sich im allgemeinen mit du an, auch Vorgesetzte oder Fremde. Höflichkeit wird dennoch sehr groß geschrieben. Wenn du jemanden besuchst, so bittet dich der Gastgeber immer herein. Wenn er dies nicht tut, so bedeutet das, daß er keine Lust oder Zeit hat jemanden zu empfangen. Wirst du hereingebeten, so mußt du dich mit **tak** bedanken. Dieses Wort ist überhaupt sehr wichtig für die Kommunikation. Lieber zweimal zuviel **tak**, als einmal zu wenig.

Die offiziellen Feste und Feiertage werden in Dänemark ähnlich wie bei uns begangen. An persönlichen Festen, wie Geburtstage, Konfirmation usw. singt man sehr viel. In Dänemark ist es üblich, daß man dem Geburtstagskind ein Lied zum besten gibt. Dieses Lied gibt man meist bei einem professionellen **sangforfatter** (= Liedverfasser) in Auftrag. Während die Melodie von einem bekannten Volkslied stammt, wird der Text speziell auf den gedichtet, der geehrt werden soll. Volkslieder sind in Dänemark viel mehr verbreitet als bei uns, und es scheut sich auch niemand, sie zu singen.

● Für den Urlauber wichtig ist noch:

Jeg giver en bajer.
ich gebe ein bayerisches-Bier
Ich spendiere ein Bier.

Wirst du so zu einem Bier in eine Kneipe eingeladen, so erwartet man, daß du die nächste Runde zahlst.

Wenn du irgendwo etwas bestellen, kaufen oder haben willst, so beginne den Satz immer mit ...

Jeg vil gerne have ...
ich möchte gerne haben ...
Ich möchte gerne ... haben.

Floskeln und Redewendungen

grüßen/verabschieden

godmorgen!	Guten Morgen!
goddag!	Guten Tag!/Grüß Gott!
godaften!	Guten Abend!
godnat!	Gute Nacht!

Umgangssprachlich benutzt man statt **goddag** jedoch häufiger:

dav!	Tag!
davs! (in der Mehrzahl)	Tag!

Unter Bekannten sagt man meist:

hej!	Hallo!

Auch beim Verabschieden gibt es verschiedene Möglichkeiten:

farvel!	Auf Wiedersehen!
hej!	Servus!/Tschüß!
vi ses! (wir sehen-uns)	Bis bald!

Oftmals hört man auch, gerade wenn man unter Bekannten ist, **hej-hej!** oder zur Begrüßung **goddag-goddag!**

Im Allgemeinen spricht man sich in Dänemark wie gesagt mit "du" an, also auch den Chef oder den Lehrer. Sagt man **De**, also "Sie", so wird das oft als beleidigende Herablassung aufgefaßt, da sich die Dänen alle als gleichgestellt fühlen.

Alte Leute, die es noch von früher so gewohnt sind, kann man jedoch ruhig mit "Sie" anreden.

Ich habe alle Redewendungen und Beispielsätze in der "du-Form" aufgeschrieben. Wenn du jemanden mit "Sie" anreden willst, brauchst du das "du" nur nach folgendem Schema ersetzen:

du	du	**dig**	dir/dich	**din/dit**	dein, -e, -es
De	Sie	**Dem**	Sie/Ihnen	**Deres**	Ihr, -e, -es

Floskeln

Hvordan går det? (wie geht es) — Wie geht's?

Fint. — Gut.

Ikke særlig godt. — Nicht besonders gut.

Dårligt. — Schlecht.

Hvordan går det med dig? (wie geht es mit dir) — Und wie geht's dir?

Hvad er der i vejen? (was ist da in Weg-der) — Was ist los?

Verständigung

Taler du tysk (engelsk)? — Sprichst du Deutsch (Englisch)?

Det forstår jeg ikke. — Das verstehe ich nicht.

Hvad behager? (was beliebt) — Wie bitte?

Hvad for noget? (was für etwas) — Wie bitte?

En gang til! (ein Mal noch) — Noch einmal!

Hvad hedder det på dansk?
was heißt es auf Dänisch
Wie heißt das auf Dänisch?

Vil du sige det en gang til?
möchtest du sagen es ein Mal noch
Kannst du es noch einmal wiederholen?

Kan du tale lidt langsommere?
kannst du sprechen etwas langsamer
Kannst du etwas langsamer sprechen?

Einladungen

Die Dänen sind sehr offen und man kann sehr schnell Kontakt mit ihnen bekommen, besonders wenn man versucht, Dänisch zu sprechen. Wegen der hohen Preise in Dänemark ist es überhaupt nicht üblich, ins Restaurant zu gehen. Viel lieber treffen sich die Dänen im eigenen Heim. Normalerweise bittet dich der Gastgeber zur Tür herein mit den Worten ...

Værsgo at komme ind og velkommen!
bitte zu kommen herein und willkommen
Bitte, komm herein und willkommen!

Komm indenfor!
Komm herein!

Darauf antwortet man immer ...

Tak skal du have!
Dank sollst du haben
Vielen Dank!

Tak!
Danke!

Junge Leute treffen sich natürlich auch in der Kneipe. Jede Stadt hat eine Straße, wo eine Kneipe neben der anderen liegt, in Århus z.B. die Skolegade. Wenn man sich trifft, lädt man sich gerne zu einem Bier ein.

danken

Tak ist wohl das Lieblingswort der Dänen. Es heißt "danke" und wird ständig benützt. Wird dir etwas angeboten mußt du immer mit ...

Ja tak. (Ja danke)	Ja bitte.
Nej tak.	Nein danke.

... antworten. **Ja** oder **nej** allein ist sehr unhöflich. Nach dem Essen sagt man ...

Tak for mad!
Danke für Essen
Danke für das Essen!

... worauf die Hausfrau/der Hausmann antwortet:

Velbekomme!	Wohl bekomm's!

Wenn man sich verabschiedet, sagt man immer - egal ob Gast oder Gastgeber ...

Tak for i aften/i dag!
Danke für heute abend/heute!

Tak for den hyggelige aften!
Danke für den gemütlichen Abend!

Det var hyggeligt at se dig!
es war schön zu sehen dich
Es war schön, dich zu sehen!

Hyggelig ist das zweite Lieblingswort der Dänen. War etwas **hyggelig**, so bedeutet das, daß man mit netten Leuten zusammengesessen ist und vielleicht etwas gegessen, auf jeden Fall aber etwas getrunken hat, und sich so richtig wohl gefühlt hat.

Trifft man die Leute, bei denen man eingeladen war, wieder, so bedankt man sich mit ...

Tak for igår!
Danke für gestern!

... oder wenn es länger zurückliegt, mit ...

Tak for sidst!
danke für zuletzt
Danke nochmals für das letzte Mal!

Auch für alles andere bedankt man sich in Dänemark:

Tak for hjælpen!
danke für Hilfe-die
Danke für die Hilfe!

Tak for vinen.
danke für Wein-der
Danke für den Wein!

Tak for besøget!
danke für Besuch-der
Danke für den Besuch!

Tak for lån!
Danke für's Leihen!

Als Antwort darauf sagt man, wenn man jemandem geholfen hat, oder etwas verschenkt hat ...

Det var så lidt!
das war so wenig
Bitte, keine Ursache!

... oder, wenn man eingeladen war, oder das Vergnügen beiderseitig war ...

Selv tak!
selbst danke
Danke ebenfalls!

Glückwünsche

Glædelig jul!		Fröhliche Weihnachten!
Godt nytår!	(gutes Neujahr)	Ein gutes neues Jahr!

Til lykke med fødseldagen/stillingen!
zum glück mit Geburtstag-der/Stellung-der
Glückwunsch zum Geburtstag/zur Stellung!

In Dänemark wird aber nicht nur dem Brautpaar oder dem Konfirmanden gratuliert, sondern auch deren oder dessen Eltern, Geschwistern und Großeltern.

Til lykke med din søn/dit barnbarn!
zum Glück mit deinem Sohn/deinem Kind-Kind
Glückwunsch zu deinem Sohn/deinem Enkel!

Im Alltag sagt man oft ...

Held og lykke!	Glück und Glück	Viel Glück!
Lykke til!	Glück dazu	Viel Erfolg!
Hav det godt!	Hab es gut	Alles Gute!
God bedring!		Gute Besserung!

Darauf antwortet man, wenn es paßt ...

I lige måde! in gleicher Weise Gleichfalls!

Schimpfwörter/Slang

Natürlich sind die Schimpfwörter sehr wichtig für eine Sprache, doch benutzen sollte man sie erst, wenn man die Sprache schon gut beherrscht, weil man sonst leicht ins Fettnäpfchen treten kann.

Wenn man sich ärgert, weil man sich z.B. geschnitten hat, sagt man ...

For søren/pokker! Zum Teufel/Mist!

Will man jemanden beleidigen, so benutzt man **din** (= dein) an Stelle von **du** ...

Din klovn/torsk/idiot! Du Clown/Narr/Idiot!
(dein Clown/Dorsch/Idiot)
Dit svin! Du Schwein!
Tøsedreng! Muttersöhnchen!
(Mädel-Junge)
(Gamle) Røvhul! (Altes) Arschloch!

Det rager ikke dig en skid!
das kümmert nicht dich einen Scheiß
Das geht dich einen Dreck an!

Rend mig (i røven)!
renne mir in Arsch-der
Leck mich (am Arsch)!

Hold kræft!
Halt's Maul!

Achtung: **Hold kræft** wird auch als Ausdruck der Verwunderung gebraucht:

Hold kræft hvor var det spændende!
halt's Maul wie war das spannend
Mein Gott, war das spannend!

Slang

Obwohl Dänemark sehr klein ist, ändern sich die Slangausdrücke alle 10 km. Wer sich dafür interessiert, sollte sich **Politikens Slangordbog** kaufen. Darin sind viele dänische Slangausdrücke aufgeführt und es gibt jedes Jahr eine neue Auflage. Ansonsten ist die dänische Sprache stark von Dialekten geprägt. Da kann ich nur empfehlen, mal eine Platte von Niels Hausgaard zu hören. Er singt seine Lieder in einem nordjütländischen Dialekt und druckt auf der Plattenhülle auch die dänische Übersetzung ab, weil es sonst kaum jemand verstehen würde.

Ein Wort, das jedoch überall benutz und verstanden wird, ist:

Strømer	Stromer	Bulle (= Polizist)

Essen und Trinken

Die Mahlzeiten in Dänemark unterscheiden sich etwas von den bei uns üblichen:

morgenmad	Morgenessen	Frühstück
formiddagskaffee		Vormittagskaffee
frokost	Frühkost	Mittagessen
eftermiddagskaffee		Nachmittagskaffee
aftensmad		Abendessen
aftenkaffee		Abendkaffee

Die warme Mahlzeit heißt **middag**, egal ob sie mittags oder abends gegessen wird! Meist wird sie jedoch am Abend eingenommen, wenn die ganze Familie zu Hause ist. Dementsprechend wird mittags kalt gegessen, besonders die berühmten **smørrebrød**.

Und so sieht ein **smørrebrød** aus:
Eine dünne Scheibe Roggenbrot wird mit Butter bestrichen, dick mit Käse, Fisch, Krabben, Leberpastete oder etwas anderem belegt und dann garniert mit Salat, Remoulade ... . Wichtig ist dabei, daß das Brot völlig unter dem Belag verschwindet.

Nach jedem Essen - aber auch während des ganzen Tages und spät am Abend - trinkt man Kaffee. Ist man nachmittags zum Kaffee eingeladen, so steht außer dem **wienerbrød** (das berühmte Blätterteiggebäck) auch Brot, Butter und Käse auf dem Tisch.

Wenn man zum Essen eingeladen wird, so erfährt man nicht nur wann das Essen stattfindet, sondern auch, was für eine Art Essen es gibt.

Du er velkommen til ...	Du bist wilkommen zum ...
... middag	... warmen Essen
... det kolde bord	... kalten Buffet
... aftenkaffee	... Abendkaffee

Gerichte

Etwas ganz besonderes ist **det kolde bord** (der kalte Tisch), das nach ganz bestimmten Regeln abläuft. Zuerst gibt es Brot und ...

marinede sild med karry-salat,	marinierte Heringe mit Currysalat,
kryddersild	Salzhering

... dann kleine warme Gerichte, wie ...

leverpostej,	Leberpastete,
frikadeller	Frikadellen

..., kalte Gerichte, wie ...

rullepølse (Rollwurst) **med sky og løg,**	Preßwurst mit Fleischgelee und Zwiebeln,
tunge med peberrod	Zunge mit Meerrettich

... dann verschiedene Sorten Käse (= **ost**) und zum Schluß eventuell Kaffee. Zum Fisch und zum Käse trinkt man Schnaps. Umgangssprachlich, oder wenn man schon ein paar getrunken hat, heißt Schnaps **en lille en** (ein kleiner einer) oder **en skarp** (ein Scharfer).

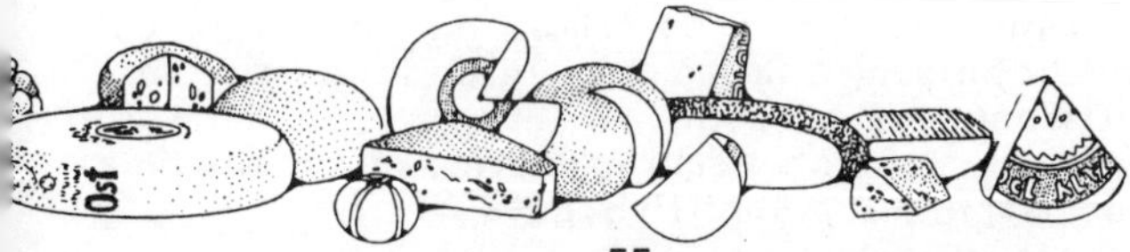

Das **warme Essen** unterscheidet sich nicht sehr von unseren Speisen, jedoch wurde in Dänemark früher viel mehr Zucker zum Kochen verwendet. Heute ist das nicht mehr so, doch an Weihnachten reicht man zum **flækesteg** (= Schweinebraten) in Zucker gebräunte Kartoffeln und süßen Rotkohl.

Die berühmteste Speise neben **smørrebrød** ist sicherlich **rødgrød med fløde** (= rote Grütze mit Sahne). Und zwar nicht zuletzt deshalb, weil dieser Ausdruck gleich viermal das berühmte dänische Zungenbrecher-"d" enthält. Also zur Übung öfter mal diese Süßspeise bestellen.

Natürlich gibt es von Region zu Region unterschiedliche Spezialitäten, vor allem Fisch. Seit einiger Zeit kann man diese in Landgasthäusern (**en kro**) probieren. Wenn du das Schild

Danmenu siehst, so bekommst du dort ein typisches dänisches Essen zu einem landesweit einheitlichen Preis (z.Z. ca. 80 dkr). Das ist für dänische Maßstäbe sehr günstig, doch die Qualität ist nicht einheitlich gut.

Fisch

Da in Dänemark kein Ort weiter als 60 km vom Meer entfernt liegt, gibt es überall frischen Fisch, besonders gerne ißt man ...

rødspætte	Scholle
torsk	Dorsch
makrel	Makrele
hornfisk	Hornhecht
sild	Hering
skrubbe	Flunder
brisling (auf Bornholm)	Sprotte
(blå-)muslinger	(Mies-)Muscheln
rejer	Garnele
krebs	Krebs
forel	Forelle
gedde	Hecht
ål	Aal

Milchprodukte

Sie sind im Verhältnis zu den anderen Lebensmitteln sehr preisgünstig. Besonders guten Käse bekommt man in der örtlichen Molkerei (= **mejeri**), die meist auch einen kleinen Laden unterhält. Will man einen sehr würzigen Käse kaufen, so muß man **lagret ost** (gelagerten Käse) kaufen. Eine dänische Spezialität ist der **ægte fynske røget ost**, eine Art geräucherter Quark von der Insel Fünen.

In der Früh zum Müsli essen die Dänen auch sehr viel Joghurt (= **yoghurt**), das nicht so süß ist wie bei uns.

Butter wird nur gesalzen gegessen, auch dann, wenn Marmelade oder Honig aufs Brot kommt.

sødmælk	(Süßmilch)	Vollmilch
letmælk	(Leichtmilch)	fettarme Milch
skummetmælk	(entrahmte Milch)	Magermilch
kærnemælk	(Butterfaßmilch)	Buttermilch
smør		Butter
yoghurt		Joghurt
piskefløde	(Peitschensahne)	Schlagsahne
ymer		Dickmilch
kvark		Quark
ost		Käse
hytteost		Hüttenkäse

Getränke

Kaffe bekommt man zu jeder Tageszeit, ansonsten trinkt man ...

kaffee	Kaffe
mælk	Milch
vand	Trinkwasser
juice	Saft
sodavand	Limonade

Alkohol

Bier wird, wie auch in anderen Ländern Skandinaviens in Klassen unterteilt. Neben dem normalen Bier, das einfach **øl** oder **bajersk øl** (bayerisches Bier) heißt, gibt es **lys øl** oder **let øl**, das wenig Alkohol enthält, und **guld øl** oder **luksus øl**, das stärker und teurer ist.

Normalerweise bekommt man im Geschäft nur Flaschenbier (**flaskeøl**), Dosenbier ist so gut wie nicht erhältlich. In Kneipen gibt es oft Faßbier (**fadøl**).

Zu einem ausgedehnten Mahl gehört natürlich auch Schnaps. Die bekanntesten sind der **Aalborg Akvavit** und der **Gammel Dansk** (ein Bitterschnaps mit Wermut), doch etwas ganz Besonderes ist der **porsesnaps** (**porse** = Gagelstrauch, verwandt mit der Weide), der einen etwas bitteren Geschmack hat.

Wein wird nicht so selbstverständlich wie bei uns getrunken, da er sehr teuer ist.

Während Wein und Bier ganz normal verkauft werden, muß man Schnaps oft an einem besonderen Stand im Supermarkt kaufen, an dem es auch Tabak und Zeitungen gibt.

Auswärts essen

Auch hier ist die amerikanische Hamburger-"Kultur" im Vormarsch, doch man kann natürlich woanders essen:

en pølsebod	Würstchenstand (schmeckt hier wirklich sehr gut)
et cafeteria (Betonung auf dem -**te**-)	Cafeteria (mit Selbstbedienung)
en kro	Landgasthof
en restaurant	Restaurant

In größeren Städten gibt es im Zentrum viele kleine Kneipen, die mittags immer **smørrebrød** oder andere kleine Speisen anbieten.

Er denne plads ledig?	Ist dieser Platz frei?
Nej, den er optaget.	Nein, der ist besetzt.
Tjener! (Diener)	Ober!
spisekortet	die Speisekarte
supper	Suppen
forretter	Vorspeisen
hovedretter	Hauptgerichte
desserter	Nachspeisen
Jeg vil gerne have ...	Ich möchte gerne ...haben
Det smager godt.	Das schmeckt gut.
Jeg vil gerne betale.	Ich möchte gern zahlen.

Jeg betaler det hele. ich bezahle das ganze Ich zahle alles zusammen.	**Det bliver 120 kr.** es wird 120 Kronen Das macht 120 Kronen.

Må jeg få peberet/saltet?
darf ich bekommen Pfeffer-der/Salz-das
Könnte ich den Pfeffer/das Salz haben?

Der mangler en ske/en gaffel/en kniv.
Es fehlt ein Löffel/eine Gabel/ein Messer.

Ausgehen

Man trifft sich in Dänemark gerne in der Kneipe (= **værthus**) oder im Kino (= **biograf**). Alle Filme laufen im Original mit Untertiteln (auch im Fernsehen), weil das Synchronisieren zu teuer kommen würde.

Wenn man irgendwohin geht oder fährt, sagt man immer **jeg skal** (= ich werde).

Vi skal på værthus i aften.
wir werden auf Wirtshaus im Abend
Wir gehen in die Kneipe heute abend.

Vil du ikke med?
Willst du nicht mit?

Jo, det lyder godt.
Doch, das klingt gut.

Er denne plads ledig?
Ist dieser Platz frei?

Ja, værsgo.
Ja, bitte (nimm Platz).

Hvor er w.c.et/toilettet?
wo ist Klo-das/Toilette-die
Wo ist das Klo/die Toilette?

Auf der Toilettentür ist entweder ein Mann oder eine Frau abgebildet, oder es steht **herrer** bzw. **damer** drauf, was ja auch nicht schwer zu verstehen ist.

Flirt, Liebe & co:

Vil du danse med mig?
möchtest du tanzen mit mir
Möchtest du mit mir tanzen?

Wenn du jemanden kennengelernt hast, so wirst du vielleicht gefragt ...

Må jeg komme med dig hjem?
darf ich kommen mit dir nach-Hause
Darf ich mit zu dir kommen?

... oder, nach einem langen Fest, ...

Jeg giver morgenkaffee.
ich gebe Morgenkaffee
Hast du noch Lust auf 'nen Kaffee?

Dies kann ein Angebot zu Kaffee und mehr sein, muß es aber nicht. Das hängt ganz davon ab, wie der Abend vorher verlaufen ist.

Jeg vil gerne sove med dig.
ich möchte gerne schlafen mit dir
Ich möchte gerne mit dir schlafen.

Har de noget kørende med hinanden?
haben sie etwas fahrend mit einander
Läuft zwischen denen was?

flirte	flirten
elske	lieben
kysse	küssen
forelsket	verliebt
holde af en (halten von jmd.)	jmd. mögen
kysse og kramme (küssen und knutschen)	schmusen
være utro	untreu sein
være jaloux	eifersüchtig sein
bolle med	bumsen
gå i byen (gehen in Stadt-die)	fremdgehen
tage noget	etwas nehmen (zur Verhütung)
prævention	Verhütung
kondom/gummi/franskmand	Kondom
p-piller/pillen	Pille
voldtage	vergewaltigen
bøsse	Schwuler
lebbe	Lesbe

Einkaufen

Wenn dir das Essen im Restaurant zu teuer ist, dann mußt du selbst einkaufen gehen. Die wichtigsten Läden sind ...

supermarked	Supermarkt
et bageri	eine Bäckerei
et mejeri	ein Milchladen
en forretning	ein Geschäft
et varehus	ein Kaufhaus
en købmand	ein Kaufmann
selvbetjening	Selbstbedienung
fødevarer (Eßwaren)	Lebensmittel

Die größte Lebensmittelkette in Dänemark heißt **Brugsen.** Selbst im kleinsten Dorf findet sich noch einer dieser Läden. Das hat zwar zum Aussterben des kleinen Ladens um die Ecke (= **nærbutik**) geführt, doch dafür profitiert die Landbevölkerung von den niedrigeren Preisen.

Mindestens einmal in der Woche haben die Geschäfte auch am Abend geöffnet, und in den Städten findet man immer einen offenen Laden, wenn man noch schnell was zu essen braucht.

Jeg vil gerne have/købe ...
Ich möchte gerne ... haben/kaufen.

Hvor meget koster det?
wie viel kostet das
Wieviel kostet das?

Findes der ...
findet-sich da
Gibt es hier ...

Die Preise für Lebensmittel sind in Dänemark höher als bei uns, besonders Fleisch und Wurst. Wer Geld sparen will, sollte deshalb lieber auf Käse und Milchprodukte zurückgreifen. Die wichtigsten Lebensmittel sind ...

Brötchen	Rundstykker / Croissant Birkes
Apfel	**et æble**
Brot	**brød**
Butter	**smør**
Ei	**et æg**
Fisch	**fisk**
Fleisch	**kød**
Hackfleisch	**hakket kød**
Rindfleisch	**oksekød**
Schweinefleisch	**svinekød**
Gemüse	**grønsager** (Grünsachen)
Blumenkohl	**blomkål**
Bohnen	**bønner**
Gurke	**en agurk**
Karotten	**gulerødder** (Gelbwurzeln)
Kartoffeln	**kartofler**
Margarine	**margarine**
Marmelade	**marmelade**
Mehl	**mel**
Nudeln	**nudler**
Obst	**frugter**
Äpfel	**æbler**
Bananen	**bananer**
Birnen	**pærer**
Erdbeeren	**jordbær**
Kirschen	**kirsbær**
Öl	**olie**
Pfeffer	**peber**
Reis	**ris**
Sahne	**fløde**
Salz	**salt**
Zucker	**sukker**

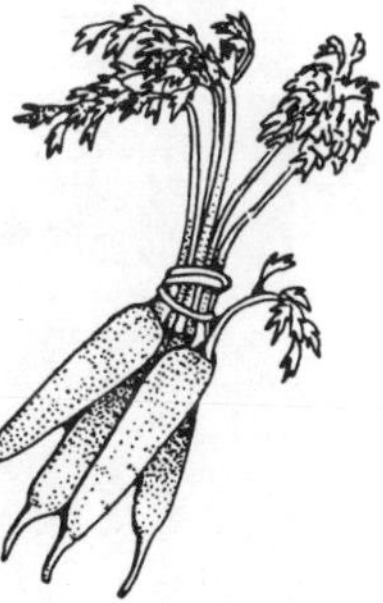

Jeg vil gerne have ...
ich will gerne haben
Ich hätte gerne ...

ein Kilo	**et kilo**
ein halbes Kilo	**et halvt kilo**
einen Liter	**en liter**
eine Tüte	**en pose**
eine Dose	**en dåse**
ein Glas	**et glas**
100 Gramm	**hundrede gram**

Tak, det var det hele!
danke, das war das Ganze
Danke, das ist alles!

Unterwegs

(til) højre	(nach) rechts
(til) venstre	(nach) links
lige ud	gerade aus
gågade (Gehstraße)	Fußgängerzone
Hvor langt er der til ...	Wie weit ist es nach ...
Hvordan kommer jeg til ...	Wie komme ich nach ...
Hvor ligger ...	Wo liegt ...

Det ligger in nærheden af ...
das liegt in Nähe-der von
Das liegt in der Nähe von ...

... mit dem Auto

Die Höchstgeschwindigkeit liegt in Dänemark auf ...

motorvej	Autobahn	100 km/h
landevej	Landstraße	80 km/h
i byen (in Stadt-der)	in der Stadt	50 km/h

... wenn es nicht anders angegeben ist. Natürlich fahren viele schneller, besonders auf der Autobahn, doch sollte man sich davon nicht anstecken lassen. Die Strafe, die fällig ist, wenn man erwischt wird, ist sehr hoch, und da die Entfernungen in Dänemark so gering sind, kann man kaum Zeit gewinnen. Aufpassen muß man in der Stadt, da es viele Radfahrer gibt.

Es gibt im Dänischen kein Wort für Vorfahrt, man sagt statt dessen **vigepligt** (= Ausweichpflicht). Allein die Wortwahl macht deutlich, daß in Dänemark Rücksichtnahme im Verkehr ganz groß geschrieben wird.

Tankstellen haben nachts oft nicht geöffnet, es gibt aber fast überall Automaten (für Scheine!), deshalb sollte man immer ein paar kleine Scheine dabei haben.

tankstation	Tankstelle
seddelautomat	Geldscheinautomat
slæbetov	Abschleppseil

Vær venlig at fylde tanken op.
freundlich zu füllen Tank-der auf
Bitte volltanken.

Jeg vil gerne have 15 l diesel.
ich möchte gerne haben 15 l Diesel
Bitte 15 l Diesel.

super	Super
almindelig benzin	Normalbenzin
blyfri	bleifrei

Wenn mal was am Wagen kaputt geht, hier sind die wichtigsten Ersatzteile:

Achse	**en aksel**
Anlasser	**en starter**
Auspuff	**en udstødning**
Batterie	**en akkumulator**
Birne	**en pære**
Blinker	**et blinklys**
Bremsbelag	**en bremsbelægning**
Dichtung	**en pakning**
Ersatzteil	**en reservedel**
Gang	**et gear**
Getriebe	**en gearkasse**

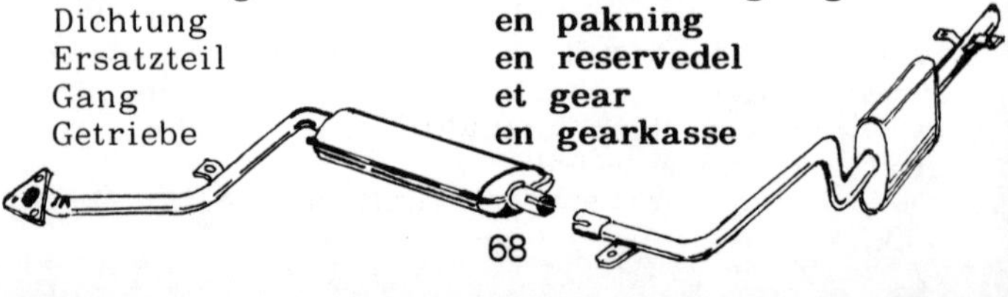

Kabel	**et kabel**
Keilriemen	**en kiledrivem**
Kotflügel	**en skærm**
Kühler	**en køler**
Kupplung	**en kobling**
Lenkrad	**et rat**
Motor	**en motor**
Öl	**olie**
Rad	**et hjul**
Reifen	**et dæk**
Scheinwerfer	**en lygte**
Schlauch	**en slange**
Sicherung	**en sikring**
Stoßdämpfer	**en støddæmper**
Überbrückungskabel	**et startkabel**
Vergaser	**en karburator**
Zündkerze	**et tændrør**

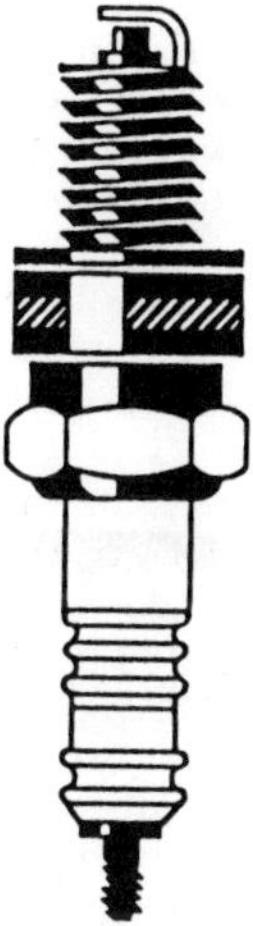

Vil du tage min bil på slæb?
möchtest du nehmen mein Auto ins Schlepptau
Kannst du mich abschleppen?

Vil du hjælpe mig at skubbe?
willst du helfen mir zu schieben
Kannst du mir schieben helfen?

Jeg har motorstop.
ich habe Motorstop
Ich habe eine Panne.

... er defekt.
... ist defekt
... ist defekt.

Tanken er tom.
Tank-der ist leer
Mein Tank ist leer.

Har du måske en benzindunk?
hast du vielleicht ein Benzinkanister
Hast du vielleicht einen Reservekanister?

Vil du tage mig med til den nærmeste tankstation?
willst du nehmen mich mit nach die nächste Tankstelle
Kannst du mich zur nächsten Tankstelle mitnehmen?

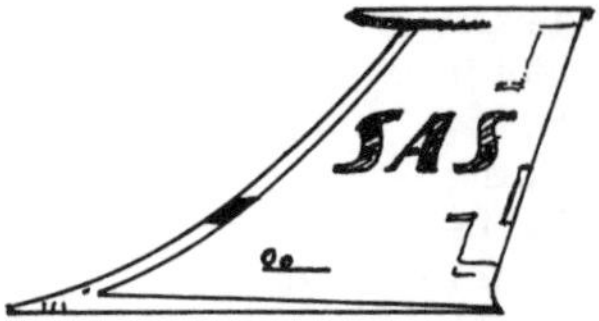

... mit dem Flugzeug

Für junge Leute bietet die skandinavische Luftfahrtgesellschaft **SAS** sehr günstige Flüge innerhalb Skandinaviens an. Wenn du auf die Färöer fliegst, so ist sogar der innerdänische Zubringerflug nach Kopenhagen umsonst. Am besten du erkundigst dich, bevor du ein Ticket kaufst. In Kopenhagen gibt es zwei Abteilungen des Flughafens, eine für innerdänische Flüge und eine für Flüge ins Ausland, auf die Färöer und nach Grönland.

Da du dich im Flughafen immer auf Englisch und meist auch auf Deutsch verständigen kannst, gibt es hier nur einen wichtigen Satz, ...

Hvordan kommer jeg til lufthavnen?
Wie komme ich zum Flughafen?

... mit der Eisenbahn

Auch mit dem Zug bekommt man Ermäßigungen. Die Dänischen Staatsbahnen (**DSB**) haben ähnliche Preise wie die Bundesbahn und sind auch an den Superspartarif angeschlossen. Da sich auch das oft ändert, am besten vor der Reise nachfragen.

en station	ein Bahnhof
en køreplan	ein Fahrplan
et billetsalg	ein Fahrkartenschalter
en billet	eine Fahrkarte
en perron	ein Bahnsteig
et spor	ein Gleis
afgå	abfahren
en afgang	Abfahrt
ankomme	ankommen
en ankomst	Ankunft
et tog	ein Zug
en liggevogn	ein Liegewagen
en sovevogn	ein Schlafwagen
en spisevogn	ein Speisewagen
en kupé	ein Abteil
(ikke-)rygere	(Nicht-)Raucher
en togkiosk	Zug-Kiosk

Toget er forsinket.
Zug-der ist verspätet
Der Zug hat Verspätung.

Im Zug wird jede Station so angekündigt:

Om få minutter når vi ...
In wenigen Minuten erreichen wir ...

Hvornår går det næste/første/sidste tog til ...?
wann geht der nächste/erste/letzte Zug nach
Wann fährt der nächste/erste/letzte Zug nach ...?

Jeg vil gerne have en pladsbillet til toget til ...
ich möchte gerne haben eine Platzkarte zu Zug-dem nach ...
Ich möchte eine Platzkarte für den Zug nach...

... mit der Fähre

Wenn du in Dänemark mit der Fähre unterwegs bist, dann brauchst du eigentlich kein Dänisch sprechen, da alles gut ausgeschildert ist. Stehst du dann am Kassenhäuschen, solltest du allerdings den Preis verstehen können!

Hvor er havnen?
wo ist Hafen-der
Wo ist der Hafen?

Hvnornår afgår der en faerge til ...?
wann abfährt da eine Fähre nach ...
Wann fährt eine Fähre nach ... ab?

Hvor kan man købe billetter?
wo kann man kaufen Karten
Wo kann man Karten kaufen?

Hvor tit sejler færgen til ...?
wie oft segelt Fähre-die nach ...
Wie oft geht die Fähre nach ...?

Hvor laenge varer overfarten?
wie lange dauert Überfahrt-die
Wie lange dauert die Überfahrt?

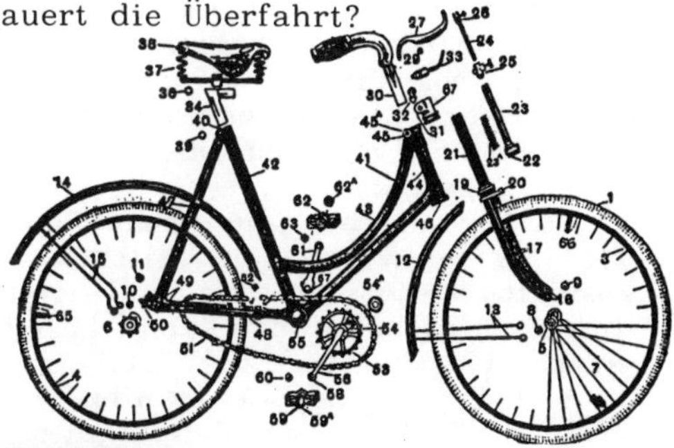

... mit dem Fahrrad

Dänemark ist ein sehr Fahrrad-freundliches Land, ob in der Stadt oder auf dem Land. Deshalb hier die wichtigsten Wörter:

en cykel	ein Fahrrad
en cykelsti	ein Fahrradweg
en styr	eine Lenkstange
en bremsesko	eine Bremsbacke
et cykeldæk	ein Fahrradreifen
en ventil	ein Ventil
en cykelkæde	eine Fahrradkette
en cykelpumpe	eine Fahrradpumpe
en krankleje	ein Tretlager

Hvad koster det at tage en cykel med ... ?
was kostet es zu nehmen ein Fahrrad mit ...
Was kostet es ein Fahrrad ... mitzunehmen?

... på færgen	... auf der Fähre
... i toget	... im Zug

... mit Stadtverkehrsmitteln

In den Städten gibt es ein sehr gutes Netz von öffentlichen Verkehrsmitteln. Mehrfachfahrkarten, sogenannte **klippekort**, bekommt man an Kiosken. Wieviel man jeweils stempeln muß, steht überall auf Deutsch, oder zumindest Englisch, angeschrieben.

In Kopenhagen gibt es die **Copenhagen Card**, mit der man die öffentlichen Verkehrsmittel kostenlos benutzen kann und freien Eintritt in die Museen hat. Die Karte kostet 80 dkr für einen, 140 dkr für zwei und 180 dkr für drei Tage (Kinder von 5-11 zahlen die Hälfte) und glit in der ganzen Hauptstadtregion, so daß man bis Roskilde oder Helsingør kommt.

et stoppested	eine Haltestelle
en bus	ein Bus (in der Stadt)
en rutebil	ein Bus (auf dem Land)
en S-tog	eine S-Bahn

Jeg skal til ...
ich will nach ...
Ich will nach ...

Vil du sige mig, når jeg skal stige ud?
willst du sagen mir, wann ich soll steigen aus
Kannst du mir sagen, wann ich aussteigen muß?

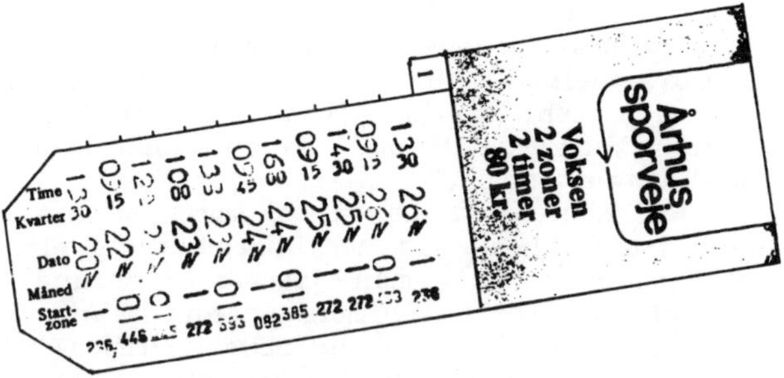

... mit dem Taxi

Man hält ein Taxi (= **taxa**) durch Winken an, wie bei uns.

Jeg vil gerne bestille en taxa til kl. 10.
ich möchte gerne bestellen ein Taxi zu 10 Uhr
Ich möchte ein Taxi für 10 Uhr bestellen.

Til stationen!
zu Bahnhof-der
Zum Bahnhof, bitte!

Vær venlig at køre mig til ...
sei freundlich zu fahren mich nach ...
Fahre mich bitte nach ...

Wohnen

Einen Campingplatz (= **campingplads**) gibt es überall, und wenn man nicht gerade in Kopenhagen ist, sind sie auch immer sehr gut ausgestattet und meist gut geführt. Man braucht einen dänischen Campingplatzausweis, der auch in den anderen skandinavischen Ländern gilt und umgekehrt.

Vandrehjem, wie die Jugendherbergen in Dänemark heißen, bietet Übernachtungsmöglichkeiten von sehr hohem Niveau. Sie sind oft wie Hotels ausgerüstet und haben auch Familien- und Doppelzimmer.

Wer Kontakt zu Dänen bekommen möchte, für den ist die beste Art der Übernachtung ein Privatzimmer. Sieht man am Straßenrand das Schild **værelser** (= Zimmer), dann kann man oft sehr günstig ein einfaches Zimmer bekommen. Meist vermieten Rentner einen Teil ihres Hauses, und man kann das Bad und oft auch die Küche mitbenutzen. Im Juli/August kann es aber passieren, daß man mehr Deutsche als Dänen trifft.

Es gibt in Dänemark das Programm "**meet the danes**". Wenn man beim örtlichen Fremdenverkehrsamt nachfragt, wird man an eine dänische Familie vermittelt, und kann so einen Abend bei Dänen verbringen.

Die beliebteste Form in Dänemark Ferien zu machen ist aber immer noch, sich ein Ferienhaus (= **sommerhus**) zu mieten. Dies kann man schon von Deutschland aus tun, was sich besonders im Juli/August empfiehlt, oder auch in Dänemark selbst, dann ist es etwas billiger.

Hvor langt er der til stranden?
wie weit ist es zu Strand-der
Wie weit ist es zu Strand?

Er sommerhuset med ...
ist Sommerhaus-das mit ...
Hat das Sommerhaus ...

koldt og varmt vand	kaltes und warmes Wasser
varme	Heizung
el	Strom
brusebad	Dusche
sauna	Sauna
pejs	Kamin

Hvor er brændet?
wo ist Feuerholz-das
Wo ist das Feuerholz?

Während die Ferienhäuser früher recht einfach ausgestattet waren, liegt der Standard jetzt wesentlich höher, nicht zuletzt deshalb, weil die Dänen neuerdings auch im Winter gerne eine Woche in ihr **sommerhus** fahren.

Jeg vil gerne blive her tre dage.
ich möchte gerne bleiben hier drei Tage
Ich möchte drei Tage hierbleiben.

Vi kører videre i morgen.
wir fahren weiter in morgen
Wir fahren morgen weiter.

am Strand

Bademeister gibt es an dänischen Stränden nirgends. An vielbesuchten Stränden gibt es manchmal Schilder mit der Aufschrift **badning forbudt** (= Baden verboten), die vor dem Baden warnen, wenn die Strömung stark ist.

badedragt	Badeanzug
badebukser	Badehose
luftmadras	Luftmatratze
sololie	Sonnenöl
vandmand	Qualle
badebro	Badesteg
klit	Düne
bølge	Welle
fribadestrand	Nacktbadestrand

Hvor varmt er vandet?
wie warm ist Wasser-das
Wie warm ist das Wasser?

Post, Bank, Telefon

et posthus	ein Postamt
en bank	eine Bank
en telefonboks	eine Telefonzelle

Von den öffentlichen Telefonzellen kann man, auch bei Straßenlärm, gut ins Ausland telefonieren, da sich die Lautstärke regulieren läßt. An allen öffentlichen Telefonen findet sich eine deutsche "Gebrauchsanweisung".

In Telefonzellen bekommt man kein Geld zurück, auch wenn kein Anschluß zustande kommt.

Deshalb erst mal nur eine Krone einwerfen, und wenn das Gespräch zustande kommt, nachwerfen.

Die Notrufnummer für Krankenwagen oder Polizei ist in Dänemark: 000.

Hvor kan man veksle penge?
wo kann man wechseln Geld
Wo kann man Geld wechseln?

Hvor kan jeg telefonere?
Wo kann ich telefonieren?

Hvad koster et brev til Tyskland/Østrig
Was kostet ein Brief nach Deutschland/Österreich

et frimærke	eine Briefmarke
et brev	ein Brief
et postkort	eine Ansichtskarte
en check	ein Scheck

Polizei - politi

Wenn du nicht gerade zu schnell fährst, wirst du kaum in näheren Kontakt mit der Polizei kommen. Falls du sie aber doch mal brauchst so spricht man Englisch und/oder Deutsch.

krank sein

Solltest du einmal krank werden, so brauchst du ...

en læge	ein Arzt
et sygehus/et hospital	ein Krankenhaus
en ambulance	ein Krankenauto
en tandlæge	ein Zahnarzt
en vagtlæge	ein Notfallarzt

Am einfachsten kannst du erklären was dir weh tut, wenn du auf die schmerzende Stelle zeigst und sagst:

Her gør det ondt. Hier tut es weh.

en arm	Arm
en hånd	Hand
en finger	Finger
et ben	Bein
en fod	Fuß
en tå	Zehe
et hoved	Kopf
et øje	Auge
et øre	Ohr
en næse	Nase
en læbe	Lippe
et hjerte	Herz
en lunge	Lunge
en mave	Bauch
en ryg	Rücken

Apotheke

Wie bei uns gibt es die meisten Sachen nur auf Rezept.

et apotek	eine Apotheke
en recept	ein Rezept
en forbinding	ein Verband
et hæfteplaster	ein Heftpflaster
hovedpinetabletter	Kopfschmerztablette
afføringsmiddel	Abführmittel
kultabletter	Kohletabletten
øjendråber	Augentropfen
ørendråber	Ohrentropfen
hostesaft	Hustensaft
febertermometer	Fieberthermometer
sovepiller	Schlafmittel
desinfektionsmiddel	Desinfektionsmittel
vat	Watte
tampon	Tampon
bind	Binde
kondom	Kondom
p-piller	Anti-Baby-Pille

Jeg vil gerne have noget mod ...
ich möchte gerne haben etwas gegen
Ich möchte gerne etwas gegen ... haben.

hovedpine	Kopfschmerzen
influenza	Grippe
halssmerter	Halsschmerzen
tandpine	Zahnschmerzen
søsyge	Seekrankheit
forbrænding	Verbrennung
betændelse	Entzündung
hævelse	Schwellung

bl.a.	bland andet	unter anderem
dvs.	det vil sige	das heißt
e.Kr.	efter Kristi fødsel	nach Christi Geburt
f.Kr.	før Kristi fødsel	vor Christi Geburt
f.eks.	for eksempel	z.B.
gl.	fammel	alt
hhv.	henholdsvis	beziehungsweise
kgl.	kongelig	königlich
kl.	klokken	Uhr
kr.	kroner	Kronen
o.a.	og andet/andre	und andere, -s
obs!	observere!	Achtung!
o.lign.	og lignede	und ähnliche
o.s.v.	og så videre	und so weiter
t.h./v.	til højre/venstre	nach rechts/links
tlf.	telefon	Telefon

Bücherliste

Du hast dich hoffentlich mit Hilfe dieses kleinen Buches in Dänemark gut zurechtfinden können. Vielleicht möchtest du jetzt etwas mehr Dänisch lernen. Hier ein paar Buchtips:

Aktivt Dansk von Lise Bostrup, die Dänisch-Lektorin an der Universität Münster ist. Das beste Lehrbuch zur Zeit, jedoch fürs Selbststudium nicht optimal, da alles auf Dänisch ist.

Dänisch. Ein Grundkurs für Erwachsene von Annegret Jöhnk, Hueber Verlag.

Für die Reise ist ein kleines Taschenwörterbuch sehr nützlich. Du solltest möglichst ein deutsches kaufen, weil dort auch das Geschlecht der dänischen Wörter angegeben ist!

Politikens Slangordbog, Politikens Forlag, nur in Dänemark erhältlich. Wie schon im Text erwähnt, ein sehr interessantes Buch, aus dem man viel über dänische Umgangssprache lernen kann.

...oder mal die Zeitung lesen...

POLITIKEN SØNDAG

VEJRET

Tipskuponen

Banker taber stort

Dårlige lånere koster 6,3 mia. kr.

Af Carsten Andersen

'Frigiv narko'

Fredsplan for biler og cykler

Stor kampagne

Af Nils Thorsen

Dänisch-Deutsch

In dieser Wörterliste stehen natürlich nicht alle wichtigen Wörter drin. Ein kleines Wörterbuch zusätzlich kann auf jeden Fall nicht schaden. Bei allen Hauptwörtern steht der unbestimmte Artikel dabei, bei allen Tätigkeitswörtern die drei Formen, die im Grammatikteil erläutert sind. Steht der Artikel in Klammern, so bedeutet dies, daß das Wort nur in der bestimmten Form benützt wird.

A

af, fra	von
et affald	Abfall
afhængig	süchtig
afskyelig	scheusslich
en aften	Abend
aldrig	nie
alene	allein
alle	alle
allerede	schon
almindelig	allgemein
alt for	viel zu
altid	immer
alvorlig	ernst
anbefale,-te,-t	empfehlen
anden/andet	andere,r,s
anden/andet	zweite,r,s
et ansigt	Gesicht
ansvarlig	verantwortlich
antage,-tog,-taget	vermuten
arbejde,-ede,-et	arbeiten
en avis	Zeitung

B

et bad	Bad
bag	hinter
en bakke	Hügel
bare, kun	nur
et barn	Kind
bede om,bad,bedt	bitten um
bedrøvet	traurig
en bedstefar	Opa
en bedstemor	Oma
begynde,-te,-t	anfangen
begærlig	gierig
behagelig, rar	angenehm
et beløb	Betrag
et ben	Bein
et ben	Knochen
berømt, kendt	berühmt
bestemme,-te,-t	bestimmen
besynderlig	seltsam
betale,-te,-t	bezahlen
betyde,-tød,-tydet	bedeuten
en bi	Biene
bide,bed,bidt	beissen
en bil	Auto
en bil	Wagen
et billede	Bild
en billet	Fahrkarte
billig	billig
binde,bandt,bundet	binden
en biograf	Kino
et bjerg	Berg
blaffe,-ede,-et	trampen
en blaffer	Anhalter
blande,-ede,-et	mischen
blandet	gemischt
blandt andet	unter anderem
blind	blind
blive,blev,blevet	bleiben

en blomst	Blume
en blyant	Bleistift
blå	blau
blød	weich
bløde,-te,-t	bluten
bo,-ede,-et	wohnen
en bog	Buch
en bold	Ball
en bondegård	Bauernhof
et bord	Tisch
en bred	Ufer
bringe,bragte,bragt	bringen
en bro	Brücke
en bror	Bruder
brugt	gebraucht
brun	braun
et brød	Brot
brække sig,-ede,-et	kotzen
brække,-ede,-et	brechen
en bugt	Bucht
en bund, et gulv	Boden
en butik	Laden
en by	Stadt
byde,bød,budt	bieten
bygge,-ede,-et	bauen
en bygning	Gebäude
bytte,-ede,-et	tauschen
både ... og	sowohl..als auch
en bølge	Welle
et bælte	Gürtel
et bånd	Band
et bær	Beere
bære,bar,båret	tragen

C

en cykel	Fahrrad

D

en dag	Tag
danse,-ede,-et	tanzen
dansk	dänisch
en dansker	Däne/in
en datter	Tochter
de	sie (Mz.)
dejlig	schön
en del	Teil
dele,-te,-t	teilen
den/det	es
der	dort
der er	es gibt
derovre	drüben
en dom	Urteil
en dommer	Richter
doven	faul
dreje af,-ede,-et	abbiegen
en dreng	Junge
drikke,drak,drukket	trinken
en dråbe	Tropfen
dræbe,-te,-t	töten
drømme,drømte,drømt	träumen
du	du
en dukke	Puppe
dum	dumm
dyb	tief
dyr	teuer
et dyr	Tier
død	tot
dø,døde,død	sterben
en dør	Tür
dårlig	schlecht
en dåse	Dose
en dåseåbner	Dosenöffner
døv	taub

E

en edderkop	Spinne
efter	nachdem
et efterår	Herbst
efter, til (Richtung)	nach
egen/eget	eigen
egnet	geeignet
eller	oder

elske,-ede,-et	lieben
endelig	schliesslich
endnu	noch
endog	sogar
eneste	einzig
en eng	Wiese
enkel	einfach
ensom	einsam
enten	entweder

F

falde,-t,-et	fallen
fantastisk	toll
en far	Vater
farlig	gefährlich
en farve	Farbe
fed	fett
et felt	Feld
en ferie	Urlaub
en fest	Fest
fiffig	schlau
en film	Film
fin	fein
finde,fandt,fundet	finden
en finger	Finger
finsk	Finnisch
firkantet	viereckig
en fisk	Fisch
fiske,-ede,-et	angeln
en fisker	Fischer
en fjer	Feder
et fjernsynsapparat	Fernseher
flad	flach
et flag	Fahne
en flaske	Flasche
flittig	fleissig
en flue	Fliege
flyde,flød,flydt	fliessen
flydende	flüssig
flygte,-ede,-et	fliehen
flyve,fløj,fløjet	fliegen
en flyvemaskine	Flugzeug
(en) fløde	Sahne
en fod	Fuss
en fodbold	Fussball
folk	Leute
for ... siden	vor (zeitl.)
foran	vor (räuml.)
for, til	für
forbi	vorbei
forbinde,-bandt, -bundet	verbinden
en forbrydelse	Verbrechen
forbudt	verboten
fordi, da	weil
en fordom	Vorurteil
forelsket	verliebt
en forening	Verein
foretage sig,-tog,-taget	unternehmen
forfærdelig	furchtbar
forkert	falsch
forklare,-ede,-et	erklären
forlade,-lod,-ladt	verlassen
forlovet	verlobt
fornuftig	vernünftig
en fornøjelse	Vergnügen
en forretning	Geschäft
forrige	vorige,r,s
en forsamling	Versammlung
forsigtig	vorsichtig
en forsinkelse	Verspätung
forskellig	verschieden
forskrække,-ede,-et	erschrecken
et forslag	Vorschlag
forstyrre,-ede,-et	stören
forstå,-stod,-stået	verstehen
forsvinde,-svandt, -svundet	verschwinden
fortryde,-trød,-trudt	bereuen
fortælle,-talte,-talt	erzählen
et forår	Frühling
forære,-ede,-et	schenken

en frakke	Mantel
en fred	Friede
fremmed	fremd
fremstille,-ede,-et	herstellen
en fremtid	Zukunft
fri	frei
frisk	frisch
frivillig	freiwillig
en frugt	Obst
frugtbar	fruchtbar
fryse,frøs,frosset	frieren
en frø	Frosch
fræk	frech
en fugl	Vogel
fuld	betrunken
fuld	voll
fuldstændig	völlig
få	wenige
fødevarer	Lebensmittel
født	geboren
få,fik,fået	bekommen
føle,-te,-t	fühlen
følge,fulgte,fulgt	begleiten
følge,fulgte,fulgt	folgen
et får	Schaf
færdig	fertig
føre,-te,-t	führen
en færge	Fähre
første	erste,r,s

G

en gade	(Stadt)Straße
en gaffel	Gabel
gal	verrückt
gammel	alt
en gang til	noch einmal
en ged	Ziege
gemen	gemein
gennem	durch
gennemprygle,-ede,-et	verprügeln
gennemsigtig	durchsichtig
gerrig	geizig
gift	verheiratet
gifte sig,-ede,-et	heiraten
give op,gav,givet	aufgeben
give,gav,givet	geben
et glas	Glas
glat	glatt
glemme,-te,-t	vergessen
glæd	froh
glæde sig til,-ede,-et	freuen sich auf
gnide,gned,gnedet	reiben
god	gut
en gople	Qualle
grave,-ede,-et	graben
gravid	schwanger
gribe,greb,grebet	greifen
grim, hæslig	hässlich
grusom	grausam
en gryde	Topf
grå	grau
græde,græd,grædt	weinen
grøn	grün
grønsager	Gemüse
en grænse	Grenze
en gud	Gott
gul	gelb
(et) guld	Gold
gummi	Gummi
en gummistøvle	Gummistiefel
gyldig	gültig
gå,gik,gået	gehen
en gård	Hof
gøre ondt,gjorde,gjort	weh tun
gøre vrøvl,gjorde,gjort	meckern
gøre,gjorde,gjort	machen
gætte,-ede,-et	raten

H

en hage	Kinn
en hale	Schwanz
et halstørklæde	Schal

halv	halb
en hammer	Hammer
han	er
en handske	Handschuh
en hare	Hase
en hat	Hut
et hav	Meer
en have	Garten
have på	anhaben
have,havde,haft	haben
en havn	Hafen
hedde,hed,heddet	heissen
hel	ganz
hellig	heilig
hemmelig	geheim
hente,-ede,-et	holen
her	hier
herover	herüber
en hest	Pferd
hilse,-te,-t	grüssen
hinanden	einander
en historie	Geschichte
hjem	nach Hause
hjemme	zu Hause
et hjerte	Herz
et hjul	Rad
hjælpe,hjalp,hjulpet	helfen
et hjørne, en krog	Ecke
holde af,holdt,holdt	mögen
holde,holdt,holdt	halten
en honning	Honig
et hovede	Kopf
en hud	Haut
hugge,-ede,-et	klauen
hul	hohl
et hul	Loch
et humør	Laune
hun	sie
hurtig	schnell
et hus	Haus
huske,-ede,-et	erinnern
hvad	was
hvem	wem
hvem	wen
hvem	wer
hver	jeder
hverken ... eller	weder...noch
hvid	weiss
et hvidløg	Knoblauch
hvile sig ud,-ede,-et	ausruhen (sich)
hvilken/hvilket	welcher,-e,-es
hvis	wenn (falls)
hvor	wo
hvordan	wie
hvorfor	warum
hvornår	wann
håbe,-ede,-et	hoffen
høflig	höflich
høj	hoch
højre	rechts
højt	laut
en højttaler	Lautsprecher
en hånd	Hand
et håndklæde	Handtuch
en håndtaske	Handtasche
en høne	Huhn
hænge,hang,hængt	hängen
et hår	Haar
hård	hart
høre,-te,-t	hören

I

I	ihr
i dag	heute
i forgårs	vorgestern
i går	gestern
i morgen	morgen
i nærheden af	nahe bei
i overmorgen	übermorgen
i (räuml.)	in
i, siden	seit
igen	wieder

ikke	nicht
en ild	Feuer
ind	hinein
ind i	in...hinein
indeni	drinnen
indre	innere,r,s
ingen	niemand
ingen/intet	kein
ingenting	nichts
invitere,-ede,-et	einladen
en is	Eis
itu	kaputt

J

ja	ja
jage,jog,jaget	jagen
en jakke	Jacke
jeg	ich
en jord	Erde
et jordbær	Erdbeere
jævn	eben

K

et kabel	Kabel
en kage	Kuchen
kalde,-te,-t	rufen
en kano	Kanu
en kartoffel	Kartoffel
en kasettebåndoptager	Kasettenrekorder
en kasket	Mütze
en kasse	Kiste
kaste,-ede,-et	werfen
en kat	Katze
kedelig	langweilig
kende,-te,-t	kennen
kigge,-ede,-et	gucken
en kilde	Quelle
en kirke	Kirche
en kirkegård	Friedhof
et kirsebær	Kirsche
en kjole	Kleid
en klit	Düne
klodset	plump
klog	klug
en klokke	Glocke
klæbe,-ede,-et	kleben
klæde sig om,-te,-t	umziehen sich
klø,-ede,-et	jucken
klø,-ede,-et	kratzen
en knap	Knopf
knibe,kneb,knebet	kneifen
en kniv	Messer
en knude	Knoten
et knæ	Knie
kogt	gekocht
kold	kalt
et komfur	Ofen
komme for sent, kom, kommet	verspäten sich
komme,kom,kommet	kommen
en konkurrence	Wettbewerb
et kontor	Büro
en kontrakt	Vertrag
en kop	Tasse
kort	kurz
et kort	Karte
en kreds	Kreis
en krig	Krieg
en krop	Körper
krybe,krøb,krøbet	kriechen
en kuffert	Koffer
en kugle	Kugel
en kuglepen	Kugelschreiber
kulørt	bunt
kunne lide (-> Hilfsverben)	gefallen
kunne (-> Hilfsverben)	können
kunstig	künstlich
en kupé	Abteil
en kurv	Korb
en kvinde	Frau
en kvist	Zweig

en kvittering	Quittung
kvæle,kvalte,kvalt	ersticken
et kys	Kuss
kysse,-ede,-et	küssen
købe ind,-te,-t	einkaufen
købe,-te,-t	kaufen
et kød	Fleisch
en kæde	Kette
et køkken	Küche
et køleskab	Kühlschrank
kæmme,-ede,-et	kämmen
kæmpe,-ede,-et	kämpfen
et køn, en slægt	Geschlecht
køn, smuk	hübsch
en køreplan	Fahrplan
køre,-te,-t	fahren
kærlig	zärtlich
en kærlighed	Liebe

L

lade,lod,ladet	lassen
en lampe	Lampe
et land	Land
en landevej	Landstrasse
en landsby	Dorf
lang	weit
langsom	langsam
en lastbil	Lastwagen
latterlig	lächerlich
lav	niedrig
lave mad,-ede,-et	kochen
le ad,lo,leet	lachen über
lege,-ede,-et	spielen
leje,-ede,-et	mieten
en lejlighed	Wohnung
let	leicht
leve,-ede,-et	leben
lide,led,lidt	leiden
lidt	wenig
lige	gerade
lige	gleich
lignende	ähnlich
lille, små	klein
en liter	Liter
livlig	lebendig
en lommelygte	Taschenlampe
et lommetørklæde	Taschentuch
en lov	Gesetz
love,-ede,-et	versprechen
en luder	Dirne
(en) luft	Luft
en lufthavn	Flugplatz
lugte,-ede,-et	riechen
lukke op,-ede,-et	aufmachen
lukke,-ede,-et	schliessen
lukket	geschlossen
lyde,lød,lydt	klingen
lykkelig	glücklich
lys	hell
et lys	Licht
en lyst	Lust
lyve,løj,løjet	lügen
en læbe	Lippe
løbe vild,løb,løbet	verlaufen sich
løbe,løb,løbet	laufen
løfte,-ede,-et	heben
et løg	Zwiebel
en læge	Arzt
lægge,lagde,lagt	legen
låne,-te,-t	leihen
en længsel	Sehnsucht
lære at kende,-te,-t	kennenlernen
en lærer	Lehrer
lære,-te,-t	lernen
løs	los
læse,-te,-t	lesen
låse,-te,-t	verschliessen

M

en mad	Essen
mager	dürr
mange	viele

mangle,-ede,-et	fehlen
en mark	Acker
et marked	Markt
en marmelade	Marmelade
en mave	Bauch
med	mit
meget	sehr
meget	viel
(et) mel	Mehl
mellem	zwischen
men, dog	aber
mene,-te,-t	meinen
et menneske	Mensch
mens	während
mere, flere	mehr
miste,-ede,-et	verlieren
misundelig	neidisch
moden	reif
modig	mutig
en mor	Mutter
en morgen	Morgen
en morgenmad	Frühstück
morsom	lustig
en mose	Moor
en motorcykel	Motorrad
en motorvej	Autobahn
(et) mudder	Schlamm
mulig	möglich
en mund	Mund
en mur	Mauer
en mus	Maus
et museum	Museum
en myg	Mücke
et myggestik	Mückenstich
en myre	Ameise
må (-> Hilfsverben)	müssen
mødes,mødtes,--	treffen sich
måle,-te,-t	messen
en mælk	Milch
må,måtte,måttet	dürfen
en måne	Mond
måske	vielleicht
mæt	satt

N

en nabo	Nachbar
en nat	Nacht
et navn	Name
ned	herunter
nede	unten
en nederdel	Rock
en negl	Nagel
nej	nein
et net	Netz
nogen/noget	etwas
nogle	einige
nok	genug
norsk	norwegisch
nu	jetzt
ny	neu
nyde,nød,nydt	geniessen
nyse,nøs,nyst	niesen
nysgerrig	neugierig
nyttig	nützlich
en nød	Nuss
nødvendig	nötig
nøgen	nackt
en nøgle	Schlüssel
nøgtern, ædru	nüchtern
nøjagtig	genau
en nål	Nadel
nå,nåede,nået	erreichen
næppe	kaum
når	wenn (zeitl.)
en næse	Nase
næste	nächste,r,s
næsten	fast

O

offentlig	öffentlich
og	und
(en) olie	Öl

om	ob
om (zeitl.)	in
ombytte,-ede,-et	umtauschen
omtrent	ungefähr
ond, slem	böse
op	hinauf
opfinde,-fandt,-fundet	erfinden
oprindelig	ursprünglich
et ord	Wort
en ordbog	Wörterbuch
en orm	Wurm
en ost	Käse
oven, oppe	oben
over	über
overalt	überall
overnatte,-ede,-et	übernachten
overtale,-te,-t	überreden

P

en pakke	Paket
pakke ned,-ede,-et	einpacken
et papir	Papier
et par bukser	Hose
en paraply	Regenschirm
et pas	Pass
(et) peber	Pfeffer
penge	Geld
en perron	Bahnsteig
en pibe	Pfeife
pibe,peb,pebet	pfeifen
en pige	Mädchen
pine,-te,-t	quälen
pinlig	peinlich
en pladespiller	Plattenspieler
en plads	Platz
en plante	Pflanze
pleje,-ede,-et	pflegen
pludselig	plötzlich
(en) politi	Polizei
en prop	Korken
en proptrækker	Korkenzieher
præcis	pünktlich
prøve,-ede,-et	versuchen
prøve,-te,-t, smage,-te,-t	probieren
en pude	Kissen
en pyt	Pfütze
en pølse	Wurst
en pære	Birne

R

en ramme	Rahmen
rar	nett
rasende	wütend
rask	gesund
regne,-ede,-et	rechnen
regne,-ede,-et	regnen
en regning	Rechnung
en rejse	Reise
ren	sauber
en reol	Regal
reparere,-te,-t	reparieren
en ret	Recht
retfærdig	gerecht
en retning	Richtung
ride,red,redet	reiten
rig	reich
rigtig	richtig
ringe op,-ede,-et	anrufen
ringe,-ede,-et	klingeln
(en) ris	Reis
rive itu,rev,revet	zerreissen
rive op,rev,revet	aufreissen
rive,rev,revet	reissen
en rod	Wurzel
ro,-ede,-et	rudern
rolig	ruhig
en rotte	Ratte
ru	rauh
et rum	Raum
et rundstykke, en bolle	Semmel
en ryg	Rücken

ryge,røg,røget	rauchen
en rygsæk	Rucksack
rå	roh
rød	rot
rådden	verfault
et rådyr	Reh
en røg	Rauch

S

en saks	Schere
en salat	Salat
(et) salt	Salz
sammen	zusammen
sand	wahr
(et) sand	Sand
sandsynligvis	wahrscheinlich
en sang	Lied
sart	zart
se på,så,set	anschauen
en seddel	Zettel
et sejl	Segel
et selskab	Gesellschaft
sen	spät
sende,-te,-t	schicken
senere	später
en seng	Bett
sensibel	empfindlich
se,så,set	sehen
sidde,sad,siddet	sitzen
en side	Seite
sidste	letzte,r,s
sige,sagde,sagt	sagen
sikker	sicher
sjov	spassig
en sjæl	Seele
sjælden	selten
et skab	Schrank
skadelig	schädlich
skaffe,-ede,-et	schaffen
skamme sig,-ede,-et	schämen sich
skarp	scharf
skatten	Steuer, die
en ske	Löffel
ske,skete,sket	geschehen
et skib	Schiff
skide,sked,skidt	scheissen
skifte,-ede,-et	wechseln
skilt	getrennt
et skilt	Schild
et skind	Leder
en skinke	Schinken
en skinne	Schiene
skinne,-ede,-et	scheinen
skinsyg	eifersüchtig
en skjorte	Hemd
skjule,-te,-t	verstecken
en sko	Schuh
en skole	Schule
en skov	Wald
skrige,skreg,skreget	schreien
skrive,skrev,skrevet	schreiben
en skrue	Schraube
en skruetrækker	Schraubenzieher
skrøbelig	zerbrechlich
skrækkelig	schrecklich
skubbe,-ede,-et	schieben
en skuffe	Schublade
skulle (-> Hilfsverben)	sollen
en sky	Wolke
skyde,skød,skudt	schiessen
en skygge	Schatten
skylde,-te,-t	schulden
skynde sig,-te,-t	beeilen sich
en skål	Schüssel
skænke i,-ede,-et	eingiessen
skønt	obwohl
skære,skar,skåret	schneiden
en skærm	Schirm
en slange	Schlange
en slange	Schlauch
slank	schlank
slap	schlapp

slikke,-ede,-et	lecken
slimet	schleimig
slippe,slap,sluppet	loslassen
et slot	Schloss
(et) sludder	Quatsch
slæbe,-te,-t	abschleppen
slå,slog,slået	schlagen
smage,-te,-t	schmecken
smal	schmal
en smerte	Schmerz
smide,smed,smidt	schmeissen
småpenge	Kleingeld
(et) smør	Butter
snakke,-ede,-et	reden
en snaps	Schnaps
snart	bald
snavset	schmutzig
snige,sneg,sneget	schleichen
snorke,-ede,-et	schnarchen
snyde,snød,snydt	betrügen
snyde,snød,snydt	schummeln
snæver	eng
en sok, en strømpe	Strumpf
en sol	Sonne
sort	schwarz
en sovepose	Schlafsack
sove,sov,sovet	schlafen
en sovs	Sosse
en spand	Eimer
et spejl	Spiegel
spids	spitz
spise,-te,-t	essen
et spor	Gleis
springe,sprang, sprunget	springen
spørge,spurgte,spurgt	fragen
et spørgsmål	Frage
stadig væk	immer noch
et stakit	Zaun
standse,-ede,-et	anhalten
en station	Bahnhof
et stearinlys	Kerze
et sted	Ort
stegt	gebraten
stejl	steil
en sten	Stein
en stige	Leiter, die
stige ind,steg,steget	einsteigen
stige om,steg,steget	umsteigen
stige,steg,steget	steigen
stikke,stak,stukket	stechen
en stikkontakt	Steckdose
stille	leise
stille,-ede,-et	stellen
stinke,stank,stinket	stinken
stiv	steif
stivsindet	stur
en stjerne	Stern
stjæle,stjal,stjålet	stehlen
en stok	Stock
en stol	Stuhl
stolt	stolz
stor	gross
en strand	Strand
stride,stred,stridt	streiten
stryge,strøg,strøget	streichen
strække,strakte,strakt	strecken
strøm, el	Strom
et stykke	Stück
en styrthjelm	Sturzhelm
stå af,stod,stået	aussteigen
stå op,stod,stået	aufstehen
støde,-te,-t	stossen
stærk	stark
stå,stod,stået	stehen
(et) støv	Staub
en støvle	Stiefel
(et) sukker	Zucker
en sult	Hunger
sulten	hungrig
sur	sauer
svag	schwach

en svamp	Pilz
en svamp	Schwamm
et svar	Antwort
svare,-ede,-et	antworten
svede,-te,-t	schwitzen
svensk	schwedisch
et svin	Schwein
svømme,-ede,-et	schwimmen
svær	schwierig
sværge,svor,svoret	schwören
sy,-ede,-et	nähen
syg	krank
et sygehus, et hospital	Krankenhaus
synge,sang,sunget	singen
synke,sank,sunket	sinken
så	so
en sø	See
en sæbe	Seife
sød	lieb
sød	süss
søge efter,-te,-t	suchen nach
en sæk	Sack
sælge,solgte,solgt	verkaufen
(et) sølv	Silber
en søn	Sohn
en sænkning	Senke
såre,-ede,-et	verletzen
særlig, især	besonders
en søster	Schwester
sætte sig,satte,sat	setzen sich

T

tage brusebad,tog, taget	duschen
tage livet af,tog,taget	umbringen
tage på,tog,taget	anziehen
tage,tog,taget	nehmen
tale,-te,-t	sprechen
en tallerken	Teller
tam	zahm
en tand	Zahn
en tandbørste	Zahnbürste
en tandpasta	Zahnpaste
en tang	Zange
en tankstation	Tankstelle
en taske, en lomme	Tasche
tavs	stumm
et tegn	Zeichen
en telefon	Telefon
et telt	Zelt
temmelig	ziemlich
en tid	Zeit
tidlig	früh
et tidskrift	Zeitschrift
tie,tav,tiet	schweigen
tilbage	zurück
tilfældig	zufällig
tilhøre,-te,-t	gehören
tillade,-lod,-ladet	erlauben
en time	Stunde
en ting	Ding
en ting	Sache
tisse,-ede,-et	pinkeln
tit, ofte	oft
(en) tobak	Tabak
et tog	Zug
et toilette, et wc	Toilette
tom	leer
en trappe	Treppe
tro,-ede,-et	glauben
trofast	treu
et træ	Baum
et træ	Holz
en tråd	Draht
en tråd	Faden
træde,trådte,trådt	treten
en trøje	Pullover
trække,trak,trukket	ziehen
træt	müde
tung	schwer
en tunge	Zunge
tvinge,tvang,tvunget	zwingen

tværs	quer
tyk	dick
tynd	dünn
en tyv	Dieb
en tå	Zeh
en tåge	Nebel
(et) tøj	Kleidung
tænde for,-te,-t	anschalten
tænde,-te,-t	anzünden
tændstikker	Streichhölzer
tænke sig om,-te,-t	nachdenken
tænke,-te,-t	denken
tør	trocken
et tørklæde	Tuch
et tårn	Turm
tørre af,-ede,-et	abtrocknen
tørstig	durstig

U

u-	un-
ud	heraus
ud	hinaus
uden	ohne
udenfor	draussen
udenlansk	ausländisch
udvikle,-ede,-et	entwickeln
en uge	Woche
ugift	ledig
(en) uld	Wolle
under	unter
underbukser	Unterhose
underholde,-holdt, -holdt	unterhalten sich
undertiden	manchmal
et ur	Uhr, eine
uskyldig	unschuldig
ussel	elend

V

et valg	Wahl
(et) vand	Wasser
varm	warm
vaske op,-ede,-et	abspülen
vaske sig,-ede,-et	waschen (sich)
ved	um (zeitl.)
ved siden af	neben
en vej	(Land)Straße
veje,-ede,-et	wiegen
(et) vejr	Wetter
en ven	Freund
en veninde	Freundin
venlig	freundlich
venstre	links
vente,-ede,-et	warten
en verden	Welt
vi	wir
vide (ved,vidste,vidst)	wissen
videre	weiter
vigtig	wichtig
vild	wild
ville	wollen
en vin	Wein
(en) vind	Wind
vinde,vandt,vundet	gewinnen
et vindue	Fenster
en vinge	Flügel
virke,-ede,-et	funktionieren
vise,-te,-t	zeigen
vokse,-ede,-et	wachsen
voksen	erwachsen
våd	nass
en væg	Wand
vågen	wach
væk	weg
vælge,valgte,valgt	aussuchen
vælge,valgte,valgt	wählen
værdifuld	wertvoll
være	sein
være bange	Angst haben
være sur over	ärgern über
et værelse	Zimmer
et værktøj	Werkzeug

en å, en flod	Fluss
åben	offen
åbne	öffnen
en ånd	Geist
et år	Jahr
æde,åd,ædt	fressen
ægte	echt
ærlig	ehrlich
et æg	Ei
en æske	Schachtel
en ø	Insel
ødelagt	verwüstet
ødelægge,-lagde,-lagt	zerstören
et øje	Auge
en øl	Bier (Flasche,Glas)
(et) øl	(allg.Bier)
ønske,-ede,-et	wünschen
et øre	Ohr

Deutsch-Dänisch

A

abbiegen	dreje af,-ede,-et
Abend	en aften
aber	men, dog
Abfall	et affald
abschleppen	slæbe,-te,-t
abspülen	vaske op,-ede,-et
Abteil	en kupé
abtrocknen	tørre af,-ede,-et
Acker	en mark
ähnlich	lignende
ärgern über	være sur over
alle	alle
allein	alene
allgemein	almindelig
alt	gammel
Ameise	en myre
andere,r,s	anden/andet
anfangen	begynde,-te,-t
angeln	fiske,-ede,-et
angenehm	behagelig, rar
Angst haben	være bange
anhaben	have på
anhalten	standse,-ede,-et
Anhalter	en blaffer
anrufen	ringe op,-ede,-et
anschalten	tænde for,-te,-t
anschauen	se på,så,set
Antwort	et svar
antworten	svare,-ede,-et
anziehen	tage på,tog,taget
anzünden	tænde,-te,-t
arbeiten	arbejde,-ede,-et
Arzt	en læge
aufgeben	give op,gav,givet
aufmachen	lukke op,-ede,-et
aufreissen	rive op,rev,revet
aufstehen	stå op,stod,stået
Auge	et øje
ausländisch	udenlansk
ausruhen (sich)	hvile sig ud,-ede,-et
aussteigen	stå af,stod,stået
aussuchen	vælge,valgte,valgt
Auto	en bil
Autobahn	en motorvej

B

Bad	et bad
Bahnhof	en station
Bahnsteig	en perron
bald	snart
Ball	en bold
Band	et bånd
Bauch	en mave
bauen	bygge,-ede,-et
Bauernhof	en bondegård
Baum	et træ
bedeuten	betyde,-tød,-tydet
beeilen sich	skynde sig,-te,-t
Beere	et bær
begleiten	følge,fulgte,fulgt
Bein	et ben
beissen	bide,bed,bidt
bekommen	få,fik,fået
bereuen	fortryde,-trød,-trudt
Berg	et bjerg
berühmt	berømt, kendt
besonders	særlig, især
bestimmen	bestemme,-te,-t
Betrag	et beløb
betrügen	snyde,snød,snydt
betrunken	fuld
Bett	en seng
bezahlen	betale,-te,-t
Biene	en bi

Bier	en øl (Flasche,Glas)
bieten	byde,bød,budt
Bild	et billede
billig	billig
binden	binde,bandt,bundet
Birne	en pære
bitten um	bede om,bad,bedt
blau	blå
bleiben	blive,blev,blevet
Bleistift	en blyant
blind	blind
Blume	en blomst
bluten	bløde,-te,-t
Boden	en bund, et gulv
böse	ond, slem
braun	brun
brechen	brække,-ede,-et
bringen	bringe,bragte,bragt
Brot	et brød
Bruder	en bror
Brücke	en bro
Buch	en bog
Bucht	en bugt
Büro	et kontor
bunt	kulørt
Butter	(et) smør

D

Däne/in	en dansker
dänisch	dansk
denken	tænke,-te,-t
dick	tyk
Dieb	en tyv
Ding	en ting
Dirne	en luder
Dorf	en landsby
dort	der
Dose	en dåse
Dosenöffner	en dåseåbner
Draht	en tråd
draussen	udenfor
drinnen	indeni
drüben	derovre
du	du
Düne	en klit
dünn	tynd
dürfen	må,måtte,måttet
dürr	mager
dumm	dum
dunkel	mørk
durch	gennem
durchsichtig	gennemsigtig
durstig	tørstig
duschen	tage brusebad,tog,taget

E

eben	jævn
echt	ægte
Ecke	et hjørne, en krog
ehrlich	ærlig
Ei	et æg
eifersüchtig	skinsyg
eigen	egen/eget
Eimer	en spand
einander	hinanden
einfach	enkel
eingiessen	skænke i,-ede,-et
einige	nogle
einkaufen	købe ind,-te,-t
einladen	invitere,-ede,-et
einpacken	pakke ned,-ede,-et
einsam	ensom
einsteigen	stige ind,steg,steget
einzig	eneste
Eis	en is
elend	ussel
empfehlen	anbefale,-te,-t
empfindlich	sensibel
eng	snæver
entweder	enten
entwickeln	udvikle,-ede,-et
er	han

erbärmlich	ynkelig
Erdbeere	et jordbær
Erde	en jord
erfinden	opfinde,-fandt,-fundet
erinnern	huske,-ede,-et
erklären	forklare,-ede,-et
erlauben	tillade,-lod,-ladet
ernst	alvorlig
erreichen	nå,nåede,nået
erschrecken	forskrække,-ede,-et
erste,r,s	første
ersticken	kvæle,kvalte,kvalt
erwachsen	voksen
erzählen	fortælle,-talte,-talt
es	den/det
es gibt	der er
Essen	en mad
essen	spise,-te,-t
etwas	nogen/noget

F

Faden	en tråd
Fähre	en færge
Fahne	et flag
fahren	køre,-te,-t
Fahrkarte	en billet
Fahrplan	en køreplan
Fahrrad	en cykel
fallen	falde,-t,-et
falsch	forkert
Farbe	en farve
fast	næsten
faul	doven
Feder	en fjer
fehlen	mangle,-ede,-et
fein	fin
Feld	et felt
Fenster	et vindue
Fernseher	et fjernsynsapparat
fertig	færdig
Fest	en fest
fett	fed
Feuer	en ild
Film	en film
finden	finde,fandt,fundet
Finger	en finger
Finnisch	finsk
Fisch	en fisk
Fischer	en fisker
flach	flad
Flasche	en flaske
Fleisch	et kød
fleissig	flittig
Fliege	en flue
fliegen	flyve,fløj,fløjet
fliehen	flygte,-ede,-et
fliessen	flyde,flød,flydt
Flügel	en vinge
flüssig	flydende
Flugplatz	en lufthavn
Flugzeug	en flyvemaskine
Fluss	en å, en flod
folgen	følge,fulgte,fulgt
Frage	et spørgsmål
fragen	spørge,spurgte,spurgt
Frau	en kvinde
frech	fræk
frei	fri
freiwillig	frivillig
fremd	fremmed
fressen	æde,åd,ædt
freuen sich auf	glæde sig til,-ede,-et
Freund	en ven
Freundin	en veninde
freundlich	venlig
Friede	en fred
Friedhof	en kirkegård
frieren	fryse,frøs,frosset
frisch	frisk
froh	glæd
Frosch	en frø
fruchtbar	frugtbar

früh	tidlig
Frühling	et forår
Frühstück	en morgenmad
fühlen	føle,-te,-t
führen	føre,-te,-t
für	for, til
funktionieren	virke,-ede,-et
furchtbar	forfærdelig
Fuss	en fod
Fussball	en fodbold

G

Gabel	en gaffel
ganz	hel
Garten	en have
Gebäude	en bygning
geben	give,gav,givet
geboren	født
gebraten	stegt
gebraucht	brugt
geduldig	tålmodig
geeignet	egnet
gefährlich	farlig
Gefängnis	et fængsel
gehen	gå,gik,gået
gehören	tilhøre,-te,-t
Geist	en ånd
geizig	gerrig
gekocht	kogt
gelb	gul
Geld	penge
gemein	gemen
gemischt	blandet
Gemüse	grønsager
genau	nøjagtig
geniessen	nyde,nød,nydt
genug	nok
gerade	lige
geradeaus	lige ud
gerecht	retfærdig
gern	gerne
Geschäft	en forretning
geschehen	ske,skete,sket
Geschichte	en historie
Geschlecht	et køn, en slægt
geschlossen	lukket
Gesellschaft	et selskab
Gesetz	en lov
Gesicht	et ansigt
gestern	i går
gesund	rask
getrennt	skilt
gewinnen	vinde,vandt,vundet
gierig	begærlig
Glas	et glas
glatt	glat
glauben	tro,-ede,-et
gleich	lige
Gleis	et spor
Glocke	en klokke
glücklich	lykkelig
Gold	(et) guld
Gott	en gud
graben	grave,-ede,-et
grau	grå
grausam	grusom
greifen	gribe,greb,grebet
Grenze	en grænse
gross	stor
grün	grøn
grüssen	hilse,-te,-t
gucken	kigge,-ede,-et
gültig	gyldig
Gürtel	et bælte
Gummi	gummi
Gummistiefel	en gummistøvle
gut	god

H

Haar	et hår
haben	have,havde,haft
hängen	hænge,hang,hængt

hässlich	grim, hæslig
Hafen	en havn
halb	halv
halten	holde,holdt,holdt
Hammer	en hammer
Hand	en hånd
Handschuh	en handske
Handtasche	en håndtaske
Handtuch	et håndklæde
hart	hård
Hase	en hare
Haus	et hus
Haut	en hud
heben	løfte,-ede,-et
heilig	hellig
heiraten	gifte sig,-ede,-et
heissen	hedde,hed,heddet
helfen	hjælpe,hjalp,hjulpet
hell	lys
Hemd	en skjorte
heraus	ud
Herbst	et efterår
herstellen	fremstille,-ede,-et
herüber	herover
herunter	ned
Herz	et hjerte
heute	i dag
hier	her
hinauf	op
hinaus	ud
hinein	ind
hinter	bag
hoch	høj
höflich	høflig
hören	høre,-te,-t
Hof	en gård
hoffen	håbe,-ede,-et
hohl	hul
holen	hente,-ede,-et
Holz	et træ
Honig	en honning
Hose	et par bukser
hübsch	køn, smuk
Hügel	en bakke
Huhn	en høne
Hunger	en sult
hungrig	sulten
Hut	en hat

I

ich	jeg
ihr	I
immer	altid
immer noch	stadig væk
in	i (räuml.) om (zeitl.)
in...hinein	ind i
innere,r,s	indre
Insel	en ø

J

ja	ja
Jacke	en jakke
jagen	jage,jog,jaget
Jahr	et år
jeder	hver
jetzt	nu
jucken	klø,-ede,-et
Junge	en dreng

K

Kabel	et kabel
kämmen	kæmme,-ede,-et
kämpfen	kæmpe,-ede,-et
Käse	en ost
kalt	kold
Kanu	en kano
kaputt	itu
Karte	et kort
Kartoffel	en kartoffel
Kasetten-rekorder	en kasettebåndoptager

Katze	en kat
kaufen	købe,-te,-t
kaum	næppe
kein	ingen/intet
kennen	kende,-te,-t
kennenlernen	lære at kende,-te,-t
Kerze	et stearinlys
Kette	en kæde
Kind	et barn
Kinn	en hage
Kino	en biograf
Kirche	en kirke
Kirsche	et kirsebær
Kissen	en pude
Kiste	en kasse
klauen	hugge,-ede,-et
kleben	klæbe,-ede,-et
Kleid	en kjole
Kleidung	(et) tøj
klein	lille, små
Kleingeld	småpenge
klingeln	ringe,-ede,-et
klingen	lyde,lød,lydt
klug	klog
kneifen	knibe,kneb,knebet
Knie	et knæ
Knoblauch	et hvidløg
Knochen	et ben
Knopf	en knap
Knoten	en knude
kochen	lave mad,-ede,-et
können	kunne (-> Hilfsverben)
Körper	en krop
Koffer	en kuffert
kommen	komme,kom,kommet
Kopf	et hovede
Korb	en kurv
Korken	en prop
Korkenzieher	en proptrækker
kotzen	brække sig,-ede,-et
krank	syg
Krankenhaus	et sygehus, et hospital
kratzen	klø,-ede,-et
Kreis	en kreds
kriechen	krybe,krøb,krøbet
Krieg	en krig
Kuchen	en kage
Küche	et køkken
Kühlschrank	et køleskab
künstlich	kunstig
küssen	kysse,-ede,-et
Kugel	en kugle
Kugelschreiber	en kuglepen
kurz	kort
Kuss	et kys

L

lachen über	le ad,lo,leet
Laden	en butik
lächerlich	latterlig
Lampe	en lampe
Land	et land
Landstrasse	en landevej
langsam	langsom
langweilig	kedelig
lassen	lade,lod,ladet
Lastwagen	en lastbil
laufen	løbe,løb,løbet
Laune	et humør
laut	højt
Lautsprecher	en højttaler
leben	leve,-ede,-et
lebendig	livlig
Lebensmittel	fødevarer
lecken	slikke,-ede,-et
Leder	et skind
ledig	ugift
leer	tom
legen	lægge,lagde,lagt
Lehrer	en lærer
leicht	let
leiden	lide,led,lidt

leihen	låne,-te,-t
leise	stille
Leiter, die	en stige
lernen	lære,-te,-t
lesen	læse,-te,-t
letzte,r,s	sidste
Leute	folk
Licht	et lys
lieb	sød
Liebe	en kærlighed
lieben	elske,-ede,-et
Lied	en sang
liegen	ligge,lå,ligget
links	venstre
Lippe	en læbe
Liter	en liter
Loch	et hul
Löffel	en ske
los	løs
loslassen	slippe,slap,sluppet
lügen	lyve,løj,løjet
Luft	(en) luft
Lust	en lyst
lustig	morsom

M

machen	gøre,gjorde,gjort
Mädchen	en pige
manchmal	undertiden
Mantel	en frakke
Markt	et marked
Marmelade	en marmelade
Mauer	en mur
Maus	en mus
Meer	et hav
Mehl	(et) mel
mehr	mere, flere
meinen	mene,-te,-t
Mensch	et menneske
messen	måle,-te,-t
Messer	en kniv
mieten	leje,-ede,-et
Milch	en mælk
mischen	blande,-ede,-et
mit	med
mögen	holde af,holdt,holdt
möglich	mulig
Mond	en måne
Moor	en mose
Morgen	en morgen
morgen	i morgen
Motorrad	en motorcykel
Mücke	en myg
Mückenstich	et myggestik
müde	træt
Münze	en mønt
müssen	må (-> Hilfsverben)
Mütze	en kasket
Mund	en mund
Museum	et museum
mutig	modig
Mutter	en mor

N

nach	efter til (Richtung)
nach Hause	hjem
Nachbar	en nabo
nachdem	efter
nachdenken	tænke sig om,-te,-t
Nacht	en nat
nackt	nøgen
Nadel	en nål
nächste,r,s	næste
nähen	sy,-ede,-et
Nagel	en negl
nahe bei	i nærheden af
Name	et navn
Nase	en næse
nass	våd
Nebel	en tåge
neben	ved siden af
nehmen	tage,tog,taget

neidisch	misundelig
nein	nej
nett	rar
Netz	et net
neu	ny
neugierig	nysgerrig
nicht	ikke
nichts	ingenting
nie	aldrig
niedrig	lav
niemand	ingen
niesen	nyse,nøs,nyst
noch	endnu
noch einmal	en gang til
nötig	nødvendig
nüchtern	nøgtern, ædru
nützlich	nyttig
nur	bare, kun
Nuss	en nød

O

ob	om
oben	oven, oppe
Obst	en frugt
obwohl	skønt
oder	eller
öffentlich	offentlig
öffnen	åbne
Öl	(en) olie
Ofen	et komfur
offen	åben
oft	tit, ofte
ohne	uden
Ohr	et øre
Oma	en bedstemor
Opa	en bedstefar
Ort	et sted

P

Paket	en pakke
Papier	et papir
Pass	et pas
peinlich	pinlig
Pfeffer	(et) peber
Pfeife	en pibe
pfeifen	pibe,peb,pebet
Pferd	en hest
Pflanze	en plante
pflegen	pleje,-ede,-et
Pfütze	en pyt
Pilz	en svamp
pinkeln	tisse,-ede,-et
Plattenspieler	en pladespiller
Platz	en plads
plötzlich	pludselig
plump	klodset
Polizei	(en) politi
probieren	prøve,-te,-t, smage,-te,-t
pünktlich	præcis
Pullover	en trøje
Puppe	en dukke

Q

quälen	pine,-te,-t
Qualle	en gople
Quatsch	(et) sludder
Quelle	en kilde
quer	tværs
Quittung	en kvittering

R

Rad	et hjul
Rahmen	en ramme
raten	gætte,-ede,-et
Ratte	en rotte
Rauch	en røg
rauchen	ryge,røg,røget
rauh	ru
Raum	et rum
rechnen	regne,-ede,-et
Rechnung	en regning
Recht	en ret

rechts	højre
reden	snakke,-ede,-et
Regal	en reol
Regenschirm	en paraply
regnen	regne,-ede,-et
Reh	et rådyr
reiben	gnide,gned,gnedet
reich	rig
reif	moden
rein	ren
Reis	(en) ris
Reise	en rejse
reissen	rive,rev,revet
reiten	ride,red,redet
reparieren	reparere,-te,-t
Richter	en dommer
richtig	rigtig
Richtung	en retning
riechen	lugte,-ede,-et
Rock	en nederdel
roh	rå
rot	rød
Rucksack	en rygsæk
rudern	ro,-ede,-et
Rücken	en ryg
rufen	kalde,-te,-t
ruhig	rolig

S

Sache	en ting
Sack	en sæk
sagen	sige,sagde,sagt
Sahne	(en) fløde
Salat	en salat
Salz	(et) salt
Sand	(et) sand
Sarg	en ligkiste
satt	mæt
sauber	ren
sauer	sur
Schachtel	en æske
schädlich	skadelig
schämen sich	skamme sig,-ede,-et
Schaf	et får
schaffen	skaffe,-ede,-et
Schal	et halstørklæde
scharf	skarp
Schatten	en skygge
scheinen	skinne,-ede,-et
scheissen	skide,sked,skidt
schenken	forære,-ede,-et
Schere	en saks
scheusslich	afskyelig
schicken	sende,-te,-t
schieben	skubbe,-ede,-et
Schiene	en skinne
schiessen	skyde,skød,skudt
Schiff	et skib
Schild	et skilt
Schinken	en skinke
Schirm	en skærm
schlafen	sove,sov,sovet
Schlafsack	en sovepose
schlagen	slå,slog,slået
Schlamm	(et) mudder
Schlange	en slange
schlank	slank
schlapp	slap
schlau	fiffig
Schlauch	en slange
schlecht	dårlig
schleichen	snige,sneg,sneget
schleimig	slimet
schliessen	lukke,-ede,-et
schliesslich	endelig
Schloss	et slot
Schlüssel	en nøgle
schmal	smal
schmecken	smage,-te,-t
schmeissen	smide,smed,smidt
Schmerz	en smerte
schmutzig	snavset

Schnaps	en snaps
schnarchen	snorke,-ede,-et
schneiden	skære,skar,skåret
schnell	hurtig
schön	dejlig
schon	allerede
Schrank	et skab
Schraube	en skrue
Schrauben-zieher	en skruetrækker
schrecklich	skrækkelig
schreiben	skrive,skrev,skrevet
schreien	skrige,skreg,skreget
Schublade	en skuffe
Schüssel	en skål
Schuh	en sko
schulden	skylde,-te,-t
Schule	en skole
schummeln	snyde,snød,snydt
schwach	svag
Schwamm	en svamp
schwanger	gravid
Schwanz	en hale
schwarz	sort
schwedisch	svensk
schweigen	tie,tav,tiet
Schwein	et svin
schwer	tung
Schwester	en søster
schwierig	svær
schwimmen	svømme,-ede,-et
schwitzen	svede,-te,-t
schwören	sværge,svor,svoret
See	en sø
Seele	en sjæl
Segel	et sejl
sehen	se,så,set
Sehnsucht	en længsel
sehr	meget
Seife	en sæbe
sein	være

seit	i, siden
Seite	en side
selten	sjælden
seltsam	besynderlig
Semmel	et rundstykke, en bolle
Senf	(en) sennep
Senke	en sænkning
setzen sich	sætte sig,satte,sat
sicher	sikker
sie	hun
sie (Mz.)	de
Silber	(et) sølv
singen	synge,sang,sunget
sinken	synke,sank,sunket
sitzen	sidde,sad,siddet
so	så
sogar	endog
Sohn	en søn
sollen	skulle (-> Hilfsverben)
Sonne	en sol
sonst	ellers
Sosse	en sovs
sowohl..als auch	både ... og
spät	sen
später	senere
spassig	sjov
Spiegel	et spejl
spielen	lege,-ede,-et
Spinne	en edderkop
spitz	spids
sprechen	tale,-te,-t
springen	springe,sprang,sprunget
Stadt	en by
stark	stærk
Staub	(et) støv
stechen	stikke,stak,stukket
Steckdose	en stikkontakt
stehen	stå,stod,stået
stehlen	stjæle,stjal,stjålet
steif	stiv
steigen	stige,steg,steget

steil	stejl
Stein	en sten
stellen	stille,-ede,-et
sterben	dø,døde,død
Stern	en stjerne
Steuer, die	skatten
Stiefel	en støvle
stinken	stinke,stank,stinket
Stock	en stok
stören	forstyrre,-ede,-et
stolz	stolt
stossen	støde,-te,-t
Strand	en strand
Straße	en vej (Land)
strecken	strække,strakte,strakt
streichen	stryge,strøg,strøget
Streichhölzer	tændstikker
streiten	stride,stred,stridt
Strom	strøm, el
Strumpf	en sok, en strømpe
Stück	et stykke
Stuhl	en stol
stumm	tavs
Stunde	en time
stur	stivsindet
Sturzhelm	en styrthjelm
suchen nach	søge efter,-te,-t
süchtig	afhængig
süss	sød

T

Tabak	(en) tobak
Tag	en dag
Tankstelle	en tankstation
tanzen	danse,-ede,-et
Tasche	en taske, en lomme
Taschenlampe	en lommelygte
Taschentuch	et lommetørklæde
Tasse	en kop
taub	døv
tauschen	bytte,-ede,-et
Teil	en del
teilen	dele,-te,-t
Telefon	en telefon
Teller	en tallerken
teuer	dyr
tief	dyb
Tier	et dyr
Tisch	et bord
Tochter	en datter
töten	dræbe,-te,-t
Toilette	et toilette, et wc
toll	fantastisk
Topf	en gryde
tot	død
träumen	drømme,drømte,drømt
tragen	bære,bar,båret
trampen	blaffe,-ede,-et
traurig	bedrøvet
treffen sich	mødes,mødtes,--
Treppe	en trappe
treten	træde,trådte,trådt
treu	trofast
trinken	drikke,drak,drukket
trocken	tør
Tropfen	en dråbe
Tuch	et tørklæde
Tür	en dør
Turm	et tårn

U

über	over
überall	overalt
übermorgen	i overmorgen
übernachten	overnatte,-ede,-et
überreden	overtale,-te,-t
Ufer	en bred
Uhr, eine	et ur
um (zeitl.)	ved
umbringen	tage livet af,tog,taget
umsteigen	stige om,steg,steget
umtauschen	ombytte,-ede,-et

umziehen sich	klæde sig om,-te,-t
un-	u-
und	og
ungefähr	omtrent
unschuldig	uskyldig
unten	nede
unter	under
unter anderem	blandt andet
unterhalten sich	underholde,-holdt,-holdt
Unterhose	underbukser
Urlaub	en ferie
ursprünglich	oprindelig
Urteil	en dom

V

Vater	en far
verantwortlich	ansvarlig
verbinden	forbinde,-bandt,-bundet
verboten	forbudt
Verbrechen	en forbrydelse
Verein	en forening
verfault	rådden
vergessen	glemme,-te,-t
Vergnügen	en fornøjelse
verheiratet	gift
verkaufen	sælge,solgte,solgt
verlassen	forlade,-lod,-ladt
verlaufen sich	løbe vild,løb,løbet
verletzen	såre,-ede,-et
verliebt	forelsket
verlieren	miste,-ede,-et
verlobt	forlovet
vermuten	antage,-tog,-taget
vernünftig	fornuftig
verrückt	gal
Versammlung	en forsamling
verschieden	forskellig
verschliessen	låse,-te,-t
Verspätung	en forsinkelse
verstecken	skjule,-te,-t
verstehen	forstå,-stod,-stået
versuchen	prøve,-ede,-et
Vertrag	en kontrakt
verwüstet	ødelagt
viel	meget
viel zu	alt for
viele	mange
vielleicht	måske
viereckig	firkantet
völlig	fuldstændig
Vogel	en fugl
voll	fuld
von	af, fra
vor (räuml.)	foran
vor (zeitl.)	for ... siden
vorbei	forbi
vorgestern	i forgårs
vorige,r,s	forrige
Vorschlag	et forslag
vorsichtig	forsigtig
Vorurteil	en fordom

W

wach	vågen
wachsen	vokse,-ede,-et
wählen	vælge,valgte,valgt
während	mens
Wagen	en bil
Wahl	et valg
wahr	sand
wahrscheinlich	sandsynligvis
Wald	en skov
Wand	en væg
wann	hvornår
warm	varm
warten	vente,-ede,-et
warum	hvorfor
was	hvad
waschen (sich)	vaske sig,-ede,-et
Wasser	(et) vand
weg	væk
weh tun	gøre ondt,gjorde,gjort

weich	blød
weil	fordi, da
Wein	en vin
weinen	græde,græd,grædt
weiss	hvid
weit	lang
weiter	videre
welcher,-e,-es	hvilken/hvilket
Welle	en bølge
Welt	en verden
wem	hvem
wen	hvem
wenig	lidt
wenige	få
wenn (falls)	hvis
wenn (zeitl.)	når
wer	hvem
werfen	kaste,-ede,-et
Werkzeug	et værktøj
wertvoll	værdifuld
Wettbewerb	en konkurrence
Wetter	(et) vejr
wichtig	vigtig
wie	hvordan
wieder	igen
wiederholen	gentage,-tog,-taget
wiegen	veje,-ede,-et
Wiese	en eng
wild	vild
Wind	(en) vind
wir	vi
wissen	vide (ved
Woche	en uge
Wörterbuch	en ordbog
wohnen	bo,-ede,-et
Wohnung	en lejlighed
Wolke	en sky
Wolle	(en) uld
wollen	ville
Wort	et ord
wünschen	ønske,-ede,-et
Wurm	en orm
Wurst	en pølse
Wurzel	en rod

Z

zählen	tælle,talte,talt
zärtlich	kærlig
zahm	tam
Zahn	en tand
Zahnbürste	en tandbørste
Zahnpaste	en tandpasta
Zange	en tang
zart	sart
Zaun	et stakit
Zeh	en tå
Zeichen	et tegn
zeigen	vise,-te,-t
Zeit	en tid
Zeitschrift	et tidskrift
Zeitung	en avis
Zelt	et telt
zerbrechlich	skrøbelig
zerreissen	rive itu,rev,revet
zerstören	ødelægge,-lagde,-lagt
Zettel	en seddel
Ziege	en ged
ziehen	trække,trak,trukket
ziemlich	temmelig
Zimmer	et værelse
zu Hause	hjemme
Zucker	(et) sukker
zufällig	tilfældig
Zug	et tog
Zukunft	en fremtid
Zunge	en tunge
zurück	tilbage
zusammen	sammen
Zweig	en kvist
zweite,r,s	anden/andet
Zwiebel	et løg
zwischen	mellem

Der Autor

Roland Hoffmann, Jahrgang 1962, lebt in der Nähe von München.

"Seit ein paar Jahren studiere ich in München Nordische Philologie und sitze gerade an meiner Magisterarbeit, in der ich das Romanwerk von Aage Dons untersuche. Mit der dänischen Sprache habe ich mich noch intensiver auseinandergestzt, seitdem ich Erzählungen aus dem Dänischen übersetze. Ich bin oft in Dänemark um Freunde zu besuchen, und um ausgiebig Dänisch sprechen zu können, und dabei habe ich die Sprache mit ihrem Witz und ihren vielen Bildern lieben gelernt. Nach dem Studium werde ich mit meiner Frau vielleicht für einige Zeit nach Dänemark ziehen."